맛있는 음식을 위한

재미있는 요리세계

Culinary Story

신승미 저

석학당 Seok Hak Dang
www.shdbook.co.kr

신승미(Shin, Seung mee)

현) 청운대학교 호텔조리식당경영학과 교수
숙명여자대학교 대학원 식품영양학 석사
숙명여자대학교 대학원 식품영양학 박사

저서: 한국조리, 이해하기 쉬운 조리과학, 식품학, 우리고유의 상차림,
한국음식, 식생활관리 등 다수

Culinary Story
맛있는 음식을 위한 **재미있는 요리세계**

2015년 8월 20일 1판 1쇄 인쇄 / 2015년 8월 28일 1판 1쇄 발행

지은이. 신승미
펴낸이. 윤 용 호 | 펴낸곳. 석학당 출판사 121-856 서울시 마포구 신수동 313-2
등록. 2001.10.23. 제10-2238호 | 전화. 02)719-6116 | 팩스. 02)719-6120
홈페이지. www.shdbooks.co.kr | E-mail. shd6116@chol.com

ISBN 978-89-93158-88-5 가격 17,000원

Preface 머리말

'요리는 재미있다' 라는 말을 많이 한다.

물론 요리를 좋아하는 사람들의 이야기입니다. 평소 요리에 관심이 있는 사람들도 상당히 많습니다. 그런데 어디서부터 시작을 해야 하는지를 생각하다가 망설여진다고 합니다.

요리의 재미를 들이려면 요리를 많이 접해보아야 하고 요리를 많이 해보는 것이 가장 좋은 방법이기는 합니다.

여기에 요리에 대한 기초지식을 습득하면 더 좋은 방법이 될 것이라고 생각됩니다.

이 책은 요리를 이해하기 위하여 각국의 식문화에 대하여 소개를 하였고 요리에 입문하기 위하여 기초적인 계량, 조리에서의 물, 열, 조리법에 대하여 설명하였다.

실제적인 요리를 위하여 재료별로 채소요리, 과일요리, 쌀요리, 육류 및 어패류요리, 밀가루요리, 우유 및 달걀요리 등에 대하여 알면 도움이 되는 기초지식과 재미있는 현상들을 묶어보았고 이를 토대로 실제적인 요리를 통하여 하나씩 요리를 익혀나갈 수 있으리라 여겨진다. 이 책을 만나서 요리에 재미를 가질 수 있고 행복할 수 있다면 책을 발간한 큰 보람이 되겠다. 이 책이 완성되기까지 물심양면으로 지원을 아끼지 않으신 석학당 윤용호 사장님을 비롯하여 직원분들께 감사드리며 원고에서부터 이미지까지 헌신적으로 도움을 주신 호텔조리식당경영학과 정경희 겸임교수님께도 감사드리고 지경희조교, 이훈조교, 김수환학생, 임석현 학생에게도 감사한 마음을 전한다.

2015년 8월

저자 신 승 미

Chapter 1

요리와 식문화

문화란 사회를 구성하는 사람들이 세대로부터 다음 세대로 내려오면서 축적된 행동이며, 자연환경에 대응하며 적응하고 자유스럽게 생활할 수 있도록 사람이 만들어낸 사회의 생활양식이다.

사람이 태어나서 생활하면서 습득되는 것이 곧 문화라고 할 수 있는데, 음식을 먹는 인간의 행동에 해당되며 이것이 식문화로 형성되어 왔다. 식문화의 발달은 개인이나 나라의 기후, 지형 등의 자연환경과 풍습, 종교, 의례 등 사람의 기술을 고유하면서 사회적인 여러 규범 속에서 다양한 문화적 요소와 조화되어 오랜 시간을 통하여 역사적으로 발전되어 왔다.

각 민족의 독특한 음식과 식생활 문화는 각 나라의 자연환경을 토대로 사회 · 경제적 요인들과 상호 영향을 주고받으며 그 지역의 생태계에 적응하면서 오랫동안 계승 · 발전되어 왔다.

각 나라마다 음식문화의 표현 방식은 다양하여 그 나라의 정신적 · 문화적 · 예술적으로 종합되어 발전하고 있다. 최근에는 음식문화의 세계화로 인해 지역이나 국가의 특색이 사라지고 있고, 대량 생산의 소비 풍조로 인해 새로운 형태의 음식문화가 생겨나고 있다.

1. 한국

한국은 사계절의 구분이 뚜렷하여 계절마다 생산되는 생산물이 달라서 이에 따른 음식이 발달되었다. 또한 한반도의 기후적 특성상 쌀농사가 잘 되어 쌀밥을 주식으로 하였고 국토의 2/3 이상이 산으로 되어 있는 지리적 여건에 의해 잡곡이 다양하게 생산되어 잡곡을 이용한 음식도 발달하였다. 밭농사로는 채소류를 재배하여 이용하고, 삼면이 바다로 둘러싸인 지형적 특징으로 수산물이 풍부하여 어패류 등의 해산물을 이용한 음식이 주식과 함께 부식으로 형성되었다. 조육류를 이용한 음식도 발달되었으며 김치류, 장류, 젓갈류 등의 발효식품의 발달과 건조식품, 장아찌 등의 저장법도 일찍부터 이루어져 왔다.

한국음식 문화의 특징

상차림

· 주식과 부식의 구분이 명확하다.
· 다양한 조리법이 발달하였다.
· 갖은 양념을 사용한다.
· 저장발효음식이 발달하였다.
· 음식에 음양오행의 사상이 깃들여 있다.
· 약식동원(藥食同源)을 바탕으로 한 조리법이 발달되었다.
· 상차림이 다양하며 식사예절이 엄격하다.
· 일상식과 의례식 · 시절식의 풍습이 있다.

한국의 향토음식

우리나라의 향토 음식은 한민족의 기호적 특성으로 보아 전국적으로 같은 조리법의 음식들도 많이 있으나, 남북으로 길게 뻗은 지형과 삼면이 바다로 둘러싸여 있고 계절 구분이 뚜렷하여 자연히 각 지역마다 특산물이 다양하게 생산되어 특색 있는 향토 음식들이 발달되어 왔다. 지형적으로 북쪽 지방은 산이 많아 밭농사를 하여 잡곡밥을 주로 먹었으며, 서쪽의 중부와 남부 지방은 논농사를 하므로 쌀밥과 보리밥을 먹었다. 또한 대부분의 부식류는 채소류가 중심이고 저장성 식품인 김치류, 장아찌류, 장류가 이용된다. 산악 지역에서는 신선한 육류와 생선류를 구하기 어려워 절인 생선이나 말린 생선, 말린 해초나 산채를 이용한 음식이 많고, 해안 지역은 생선, 조개류, 해초가 부식으로 쓰인다.

지방마다 음식의 맛이 다른 것은 기후와 밀접한 관련이 있다. 북쪽 지방은 여름이 짧고 겨울이 길어 음식의 맛이 남쪽 지방에 비하여 그리 맵지도 않고 싱거운 편이다. 또한 북쪽 지방은 음식 크기도 큼직하고 양도 푸짐하여 이 지역 사람들의 성격을 일부 대변해 준다. 한편, 남쪽 지방으로 내려갈수록 음식의 맛이 짜지면서 매워지는 경향이 있는데 그만큼 젓갈과 조미료를 많이 쓰고 있다. 그러나 산업화와 도시와의 영향으로 인적 및 물적 교류가 많아져 각 지방의 식생활이 비슷해지고 있으며 식생활 패턴의 변화로 고유한 향토 음식도 많이 사라지고 있는 실정이다.

우리나라 대표 음식

비빔밥

쇠고기와 버섯류, 고사리, 도라지, 콩나물 등의 채소류와 약고추장을 넣어 비벼먹는 음식이다. 약고추장은 다진 쇠고기를 양념하여 먼저 볶다가 고추장과 물을 넣고 한소끔 끓여 걸쭉해지면 꿀과 참기름을 넣고 타지 않게 잘 저으면서 볶아 만든다. 비빔밥 그릇에 고슬고슬한 밥을 담고 쇠고기와 익혀 놓은 채소류를 색을 맞추어 돌려 담는다.

국수

국수는 생일이나 혼인, 회갑 등 잔치 때는 손님 접대 시 주식으로 차리고 평상시에는 점심때의 별식으로 먹어 왔다. 국수는 곡물이나 전분의 재료에 따라 밀국수, 메밀국수, 녹말국수, 칡국수 등이 있으며, 그 외에 따뜻한 장국의 온면, 찬 육수나 동치미 국물에 먹는 냉면, 장국에 말지 않는 비빔국수, 밀가루나 메밀가루를 반죽하여 얇게 밀어 칼로 썬 칼국수 등이 있다.

불고기

쇠고기를 얇게 저며 핏물을 제거하고 간장, 설탕, 파, 마늘, 참기름, 깨소금, 후춧가루를 이용하여 양념장을 만들어 그 양념장에 재웠다가 구워 먹는 음식으로 된장이나 고추장을 곁들여 상추와 들깻잎에 싸 먹으면 신선한 맛을 즐길 수 있다.

김치

김치

배추, 무 등을 소금에 절여서 고춧가루, 파, 마늘, 생강, 젓갈 등의 양념에 버무려 발효시켜 먹는 우리나라 고유의 저장 발효음식이다. 김치 맛은 그 고장의 기온과 습도, 소금의 농도와 젓갈에 따라 달라진다. 북부지방은 여름이 짧고 겨울이 길어 싱겁고 담백하게 담가 채소의 신선미를 보존하고, 남부지방은 기온이 북부지방보다 높아 짜고 맵게 담가 변질이 잘 되지 않도록 한다. 김치는 그 지방에서 많이 생산되는 특산물, 해산물 및 첨가되는 부재료에 따라 맛이 다르고 김치의 색상과 숙성도가 달라져 그 지방의 특징적인 김치 담그는 법이 독특하게 이어져 내려오고 있다.

떡

통과의례 상차림에서 올리는 주요 음식으로 명절 음식이며 일상적으로 해 먹기도 한다. 주로 멥쌀과 찹쌀을 사용하고 고물로는 팥, 콩, 녹두, 깨 등을 사용하며 여러 부재료들이 계절에 따라 이용된다.

막걸리

멥쌀, 찹쌀, 보리, 밀가루 등을 찐 다음 수분을 건조시켜 누룩과 물을 섞어 발효시킨 한국 고유의 술이다.

식혜

고슬고슬하게 밥을 지어 엿기름물을 붓고 따뜻한 곳에서 삭힌 다음 밥알은 건져 놓고 그 물에 설탕과 생강을 넣고 끓여서 식힌 후 밥알을 띄워서 만든 한국 고유의 음료이다.

한국의 식사예절

한국의 식사예절은 비교적 단순하여 일반적인 상식이나 예의에 크게 벗어나지 않으면 된다. 예기(禮記)에는 '무릇 예의 시초는 음식에서 시작된다.' 고 하여 먹는 일에 대한 예절을 으뜸으로 간주하였다.

· 식탁에 앉으면 경의를 표하고 수저를 든다.
· 숟가락과 젓가락을 한 손에 다 들고 사용하지 말고, 젓가락을 사용할 때마다 상위에서 젓가락 끝을 맞추는 소리를 내지 않도록 주의한다.
· 밥그릇이나 국그릇을 손으로 들고 먹지 않도록 한다.
· 국은 수저로 소리 내지 않고 떠서 먹으며 반찬은 골고루 먹는다.
· 입 속에 음식을 넣을 때에는 적당한 양을 넣어 씹을 수 있도록 한다.
· 밥은 앞쪽에서부터 깨끗이 먹고, 반찬은 뒤적거리지 않도록 한다.
· 기침, 재채기가 나지 않도록 조심하고 식사도중에 자리를 뜨지 않는다.
· 자기 앞에서 먼 곳의 반찬은 옆 사람에게 전해 받도록 하며 자기 앞 음식을 옆 사람에게 권하면서 먹는다.
· 겸상일 경우에는 손윗사람이 수저를 든 뒤에 자기 수저를 들며 끝날 때도 어른보다 먼저 수저를 놓지 않는다. 먼저 끝났을 때는 주발에 수저를 걸쳐놓았다가 어른을 따라 수저를 상위에 놓는다.
· 음식을 다 먹은 후에는 수저를 오른편에 가지런히 놓는다.

1. 아시아

1) 일본

일본음식은 눈으로 먹는다고 할 정도로 시각적인 면을 중요시 한다. 음식뿐만 아니라 도자기, 유리, 칠기, 대나무 등 다양한 소재의 그릇과 조화시킴으로써 음식의 공간적인 미를 살려서 표현한다. 또한 음식과 그릇의 조화를 이루기 위하여 음식의 양을 조절하고 각 그릇의 모양과 색을 고려하여 상차림을 하기도 한다. 주식과 부식이 구분되어 있고, 계절적인 요리를 매우 중요시하며 음식을 만들 때는 음식 본래의 맛과 형태를 최대한 살리는 것이 큰 특징의 하나이다.

일본음식문화의 특징

· 시각적인 면을 중요시한다.
· 주식과 부식이 구별되어 있다.
· 자연적인 맛을 즐긴다.
· 면류가 발달하였다.

일본의 일상식

전통적인 아침상은 흰밥, 된장국, 구운 생선, 쯔께모노 등으로 간단하게 차려진다. 이외에 달걀말이, 낫또, 우메보시 등을 즐겨 먹고 맑은 국과 날 것, 구이, 조림으로 구성된 1즙 3채가 일상적인 상차림이다. 점심과 저녁으로는 돈부리, 우동, 소바 등의 간단한 일품요리나 정식으로는 사시미 정식, 생선구이 정식, 덴뿌라 정식 등이 있고 정찬은 밥, 국, 주요리, 쯔께모노로 구성된다. 식사는 1인분씩 차리며 음식을 먹을 때에는 젓가락만 사용하고 일반적으로 국물음식을 먹을 때는 그릇을 들어서 마신다.

일본의 대표음식

돈부리(덮밥)

밥 위에 쇠고기, 돈가스, 튀김류, 닭고기, 장어 등을 얹어 만든 일품음식으로 일본 인들이 즐겨 먹는다. 밥 위에 쌀 술로 맛을 낸 양념간장이나 양념 소스를 뿌려 먹는다. 얇은 쇠고기를 얹은 돈부리를 '규동', 돈가스를 썰어 얹은 돈부리는 '카츠동', 구운 장어를 얹은 돈부리를 '우니동', 닭고기, 달걀을 얹은 돈부리를 '오야코동', 각종 튀김류를 얹은 돈부리를 '텐동'이라고 한다.

스시(초밥)

밥을 지을 때 다시마 물과 미림 술을 넣으며 식초, 설탕, 소금 등으로 조미한 밥에 신선한 생선, 생선알, 조개, 달걀, 채소 등을 넣어 만든 대중적인 일본 음식으로 마레스시와 하야스시로 구분된다. 마레스시는 고기를 소금에 절여 자연 발효시켜 산미가 나게 한 것이고 하야스시는 밥에 식초를 섞어 만든다. 종류로는 김초밥인 '노리마끼', 생선초밥인 '니기리스시', 유부초밥인 '이나리스즈시' 상자초밥인 '하꼬스시' 등이 있다.

벤또(도시락)

밥과 반찬을 골고루 담을 수 있도록 칸이 구분된 도시락에 담는 음식으로 가지고 다니기 쉽게 만들어 직장인이나 학생들이 이용한다.

우동

밀가루로 만든 국수로 굵기는 0.4cm 정도이며 위에 얹은 고명에 따라 얇게 썰은 닭고기나 오리고기와 파를 데쳐 얹은 '난반우동', 날달걀 노른자를 얹은 '츠키미우동', 유부를 넣은 '키쯔네우동', 튀김부스러기를 넣은 '타누키우동' 등으로 나눌 수 있다

소바

메밀가루로 만든 국수로 굵기는 0.2cm 정도이며 쯔유에 적셔 먹는 '쯔께소바', 야채에 볶아 먹는 '야끼소바'가 있다.

오꼬노미야끼

양배추, 돼지고기 등을 밀가루 반죽에 넣고 구워 먹는 일본식 빈대떡으로 '철판에 좋아하는 것을 구워 먹는다' 라는 뜻이 있다. 양배추, 돼지고기 등을 넣고 구워서 마요네즈와 소스, 가다랭이포, 파래가루를 뿌리는 관서풍과 야끼소바를 넣어 반죽이 얇고 소스도 바르지 않는 히로시마풍이 있다.

타코야끼

일본식 문어 구이 빵으로 일본에서 가장 인기 있는 길거리 음식이며 오사카의 명물이다. 타코는 '문어', 야끼는 '굽다' 라는 뜻이다.

낫또

낫또

콩을 발효시킨 우리나라의 청국장과 비슷한 일본의 대표적인 보존식품으로 다양한 요리가 개발되어 있다.

사시미(회)

생선의 자연 그대로의 담백함과 신선도를 느낄 수 있는 음식으로 흰 살 생선부터 먹고 기름이 많거나 붉은 살 생선을 먹어야 맛의 조화를 느낄 수 있다.

야끼모노(구이)

고기, 생선, 채소를 꼬챙이에 꿰어 굽는 음식으로 그대로 굽는 '시라야끼', 소금구이인 '시오야끼', 간장구이인' 데리야끼', 된장구이인 '미소야끼'가 있다.

니모노(조림)

다시마나 가다랑이포 국물에 육류, 어패류, 채소류 등을 넣고 조린 음식으로 일본인의 일상식이다. 재료에 간장을 넣어 윤기 나게 졸인 '아라다끼', 푸른 채소를 색을 유지하면서 졸여낸 '아오니', 미림, 간장을 섞은 조미국물에 재료를 색이 나게 졸인 '데리니'가 있다,

아게모노(튀김)

해산물이나 채소를 밀가루, 달걀로 만든 튀김옷을 입혀 기름에 튀긴 음식으로 밀가루, 달걀을 입혀 튀긴 '덴뿌라', 재료 그 자체를 튀긴 '모또아게', 재료에 덧가루만 입혀 튀긴 '카라아게' 등이 있다.

무시모노(찜)

증기를 이용해서 만든 음식으로 달걀찜인 '자왕무시', 술찜인 '사께무시'가 있다.

나베모노(냄비요리)

샤브샤브와 스끼야끼가 있는데, 샤브샤브는 얇게 썬 쇠고기, 두부, 배추, 쑥갓, 우엉, 곤약,파 등을 끓는 육수에 살짝 익혀 소스에 적셔 먹으며 스끼야끼는 얇게 썬 쇠고기, 두부, 배추, 쑥갓, 우엉, 곤약, 파 등을 조미하여 철 냄비에 넣고 살짝 익힌 후 날달걀을 푼 개인접시에 덜어 먹는 음식이다.

일본의 식사예절

· 식사 시작으로 젓가락을 들기 전에 반드시 인사를 한다.
· 젓가락과 접시는 양손으로 동시에 잡지 않는다.
· 식사 중에는 머리를 손으로 만지지 않도록 한다.
· 음식을 푹 찔러 먹거나 골라서 먹지 않도록 주의한다.
· 이빨자국이 난 음식을 접시에 올려놓는 것은 삼가한다.
· 상체를 앞으로 구부려서 음식을 먹지 않도록 한다.
· 뚜껑이 있는 그릇은 왼손으로 아래를 잡고 오른손으로 뚜껑을 열어 옆에 놓는다.
· 식사가 끝나면 뚜껑은 원래대로 닫아 놓는다.

2) 중국

중국은 오미팔진(五味八珍)이라 하여 장수비결의 하나로 전해져 온다. 오미는 단맛, 짠맛, 신맛, 쓴맛, 매운맛의 다섯 가지 맛으로 인간의 오장인 간, 심장, 폐, 신장, 췌장을 보양한다 하여 요리에서 오미의 배합을 중요하게 여긴다.

대부분의 음식은 익혀 먹는 숙식(熟食)을 기본으로 하며, 녹말 등을 사용하여 조리하는 음식이 많다. 육류, 해산물, 채소 등을 조화시켜 만든 음식을 한 그릇에다 모두 담고 장식을 하여 시각적으로 외관이 화려하고 풍요롭게 보인다.

다양한 향신료와 조미료가 있으며 특히 마늘, 생강, 파, 양파, 고추, 팔각, 굴소스, 두반장 등의 맛과 향을 충분히 살린 독특한 양념을 사용하여 농후한 요리나 담백한 요리 등을 만들어 내며 중국음식의 독창성을 돋보이게도 한다.

중국음식문화의 특징

· 다양한 식재료가 활용된다.
· 합리적인 조리법을 자랑한다.
· 조리기구가 단순하다.
· 요리에 녹말의 이용이 많다.
· 찜요리가 발달되어 있다.
· 보신(補身)에 영향을 둔 음식이 발달하였다.
· 중국의 정식 상차림은 시간 전개형으로 한다.

중국의 대표음식

베이징 카오야

북경요리 중 가장 대표적인 것으로 통오리요리를 들 수 있는데, 이 요리를 위하여 부화한지 50일이 지난 오리를 좁은 공간에서 움직이지 못하게 사육하여 살코기의 육질을 부드럽게 만든다. 이렇게 길러진 오리에 향료와 물을 넣고 꼬리 쪽에 대나무를 끼워 화덕에 구워서 108개의 오리살 조각을 낸다. 밀전병에 춘장을 바르고 대파 3조각을 싸서 먹는다.

제비집 요리 · 샥스핀 수프

광동요리 중 가장 대표적인 요리로 알려진 제비집 요리는 고급 중식당에서 사용하는 재료로 제비들이 작은 물고기나 해초, 제비의 점액을 이용하여 둥지를 짓는데 이것이 굳어져 제비집이 된다.

제비집을 더운물에 1주일쯤 불려 불순물을 제거하고 조리한다. 제비집요리는 스푼이 2개 나오는데, 구멍이 있는 스푼은 제비집을 건져 먹고, 구멍 없는 스푼은 국물을 먹는다.

샥스핀 수프는 세계 3대 수프 중 하나로 손꼽히는 음식으로 상어지느러미의 색깔 · 부위 · 형태에 따라 명칭과 품질이 다르다. 고급품은 지느러미의 손상이 없으며 찜이나 조림용으로 쓰이고, 흩어진 것은 하급품으로 수프나 볶음으로 이용된다. 상어지느러미는 특별한 맛보다는 향과 질감이 독특하다.

마파두부

사천요리 중 가장 대표적인 요리로 기름을 두른 팬에 파, 마늘, 두반장을 넣어 볶다가 큰 깍두기 모양의 두부를 넣고 전분으로 걸쭉하게 어우러지게 만든 매콤한 요리이다.

노파라는 뜻의 '마파'는 이 요리로 유명한 할머니의 얼굴이 곰보였기 때문에 지어진 이름이라고 한다.

불도장(佛跳牆)

땅과 바다의 산해진미를 최소한 4~5시간 이상 끓여 만든 요리로 해삼, 새우, 전복, 샥스핀, 조개, 자라, 노루 꼬리, 잉어 부레, 사슴 힘줄, 송이버섯, 대추, 토란, 닭다리, 돼지갈비 등의 상상을 초월하는 재료를 이용하여 만든 광동지방의 최고급 요리로 중국의 보양식으로 사랑받고 있다.

동파육(東坡肉)

중국의 유명한 문인 소동파가 좌천되어 황주에 머무르는 동안 한 음식점에서 돼지고기와 술을 주문했는데, 잘못들은 요리사가 돼지고기에 술을 넣어 온 것에서 유래되어 동파육이라 불린다.

동파육은 돼지고기의 삼겹살을 대파와 팔각, 술, 간장, 설탕 등을 넣고 육질이 부드러워질 때까지 졸인 것으로 맛과 향이 일품이다.

훠궈

중국의 훠궈는 진한 육수를 끓이며 얇게 썬 양고기, 쇠고기, 생선 등과 같은 채소를 살짝 익혀서 소스에 찍어 먹는 요리로 일본의 샤브샤브, 우리나라의 신선로와 유사하다.

매운 고추를 육수에 넣어 매콤한 맛이 특징인 충칭훠궈, 육수 통을 2개로 나누어 매운 맛과 담백한 맛을 함께 맛볼 수 있는 원앙훠궈가 대표적이다.

연회요리

식단을 중국어로는 '차이딘' 또는 '차이뚜'라고 하는데 전채, 주채, 덴신(點心)으로 나누어 진다.

전채

연석의 코스에서 맨 처음에 나오는 음식으로 두 종류 이상의 냉채를 접시에 담아서 나온다. 큰 연회에서는 꽃, 새, 바람, 달을 본떠서 예술적으로 화려한 전채를 만든다.

주채

중심이 되는 요리이며 튀김, 볶음, 류채, 찜, 조림과 고기구이인 고채 중 몇 가지를 내고, 수프인 탕채로 마감한다. 주채 중 처음에 내는 것은 '두채' 라고 하며, 연석의 수준을 가늠하는 요리가 된다. 두채에 제비집을 사용하면 '연채석'이라 하고, 전복을 사용하면 '포어석', 상어 지느러미를 사용하면 '어시석'이라고 한다. 전문 중국 음식점에서 식단을 짤 때는 서양식 서빙 순서에 따라 전채, 탕채, 생선, 고기요리의 순서로 음식을 낸다.

덴신

간단한 식사나 후식을 말한다. 달콤한 맛과 짠맛 나는 것으로 찹쌀 과자, 튀김 과자, 찐만두, 국수 등이 여기에 해당된다. 때로는 과일을 내기도 한다.

중국의 식사예절

· 식탁은 원형으로 되어 있는데, 이는 화목과 단결을 상징한다. 음식을 놓는 부분이 빙빙 도는 원판으로 된 테이블을 주로 사용한다.

· 요리가 나오면 손님이 먼저 맛을 보도록 손님 앞에 놓으며, 생선요리는 생선머리가 앉아있는 사람들 중에서 가장 신분이 높은 손님을 향하도록 놓는다.

· 요리는 원판을 돌려가며 자유롭게 조금씩 덜어서 먹는다.

· 생선은 윗부분의 살을 먼저 먹고 뒤집어서 먹지 않도록 한다.

· 요리접시를 완전히 비우는 것은 오히려 실례가 되므로 음식은 조금씩 남긴다.

· 밥, 면, 탕류를 먹을 때는 고개를 숙이지 않고 그릇을 받쳐 들고 먹는다.

· 식사 중에 젓가락을 사용하지 않을 때는 접시 끝에 걸쳐 놓고, 식사가 끝나면 받침대에 다시 올려놓는다.

· 숟가락은 탕을 먹을 때만 사용하며 다 먹고 난 뒤 반드시 숟가락을 엎어 놓으며 요리나 쌀밥, 면류를 먹을 때는 반드시 젓가락을 사용하는 것이 관습화되어 있다.

· 손님을 위주로 하여 차나 술도 손님부터 시작하여 따라 마신다.

· 차를 마실 때는 받침까지 함께 들고 마신다.

3) 태국

태국음식은 '다양성의 조화'라 할 수 있으며 특히 매운맛, 신맛, 단맛, 짠맛이 다양하게 조화된 것이 특징이다. 풍부한 식재료, 향신료, 외국요리 등을 활용해 하나의 요리로 선보이는 것도 또 하나의 특징이다.

태국의 요리는 향신료가 들어 있는 식재료를 자유롭게 사용해 독특한 맛을 지니고 있다. 태국 고유의 음식문화의 전통을 살리면서 중국, 인도, 이탈리아 등 외국의 식문화를 수입해 이를 전통에 접목시켰다.

태국음식문화의 특징

· 주식과 부식인 반찬으로 구성되어 있다.
· 다양한 식재료가 활용된다.
· 강한 조미료와 향신료의 사용이 많다.
· 열대 과일이 풍부하다.

열대과일

태국의 정식

칸 톡 디너(Khan toke dinner)

칸 톡(Khan toke)은 그릇을 뜻하는 칸(Khan)과 동그란 밥상을 뜻하는 톡(toke)의 합성어이다. 태국 북부지방의 정식으로 예부터 결혼식이나 경축식에 사용한 동그란 상에 차려진 밥상을 말한다.

칸 톡 디너는 전통적인 북부지역의 7가지 반찬으로 돼지고기, 돼지껍질 튀김, 바나나 튀김, 닭튀김, 찜, 토마토와 고추 소스, 오이와 찰밥 등으로 차려지며 주로 전통 춤과 노래 등의 공연을 보면서 식사를 즐긴다.

태국의 대표음식

카오캥(Khao Kaeng)

카레 덮밥으로 국물이 많은 편이다.

커오 무 댕(Khao Moo Daeng)

돼지고기를 잘게 썰어 밥과 함께 먹는 음식으로 고기가 약간 달짝지근한 붉은색 돼지고기 덮밥이다.

카오 만 카이(Khao Man Kai)

닭고기 국물로 지은 닭고기 덮밥이다.

카오팟(Khao Phad)

새우, 오징어, 닭고기, 돼지고기 등을 넣은 볶음밥이다.

팟 타이(Phad Thai)

태국의 대표적인 볶음 쌀국수 요리로 해물을 주로 사용하며 설탕과 레몬즙을 넣어 단맛과 새콤한 맛이 나는 것이 특징이다.

바미 남(Ba Mee Nam)

야채와 생선을 넣고 묽게 끓인 계란 국수이다.

팟 미(Phad Mee)

가는 국수에 새우나 숙주 등을 넣어 볶은 음식이다.

톰 얌 쿵(Tom Yam Kung)

매콤한 태국식 새우 스프로 세계 3대 스프 중의 한가지로 꼽히는 태국을 대표하는 음식이다. 톰은 '끓이다', 얌은 '새콤한 맛', 쿵은 '새우'를 뜻하며 새우, 레몬그라스, 라임, 고추 등의 향신료가 들어가 매운 맛, 단맛, 짠맛, 신맛을 모두 느낄 수 있다.

포타케(Pho Take)

매콤한 맛이 특징인 다양한 해물요리 스프이다.

톰 카 까이(Tom Kha Kai)

코코넛이 들어간 닭고기 스프이다.

솜탐(SomTam)

파파야와 땅콩이 들어간 매운 태국식 샐러드로 '솜탐 타이'라고도 부른다.

얌(Yam)

얌은 샐러드식 무침으로 남플라, 레몬, 고추 등을 넣고 무친 것인데, 날고추를 쓰기 때문에 상당히 맵다. 태국식 매운 샐러드로 거리 음식점에서도 쉽게 눈에 띄지만 고급 레스토랑 메뉴에도 빠지지 않고 등장할 정도로 대중적인 메뉴이다.

얌운센(Yam Woon Sen)

새우, 오징어, 잘게 썬 돼지고기가 들어간 가는 면으로 만든 태국식 매콤한 샐러드이다.

커리

캥(Kaeng)은 태국식 카레를 말하며 매우면서 달콤한 맛이 나는 것이 특징이다.

캥 페트(Kaeng Phed)

붉은 칠리, 레몬그라스, 코리엔더를 넣은 매운 커리로 페트는 '맵다'는 뜻이다.

캥 파나엥(Kaeng Panaeng)

코코넛과 바질이 들어간 국물이 없는 남부식 커리이다.

태국의 길거리 음식

길거리 음식으로는 면류, 밥, 꼬치구이, 샐러드, 과일 등이 있다. 면류를 파는 포장마차에는 바미, 센미 등의 쿠티오(면)가 진열되어 있으므로 취향에 맞는 면과 조리법(국물이 있는 것이 '남', 없는 것이 '헨')을 주문한다. 건더기는 대개 비슷하나 스프는 다소 다르다. '파타이'라고 하는 튀김 국수, '카놈친'을 파는 곳이 있으며 밥 종류는 캥(카레), 카오톰(죽)이 중심을 이루고 있다.

아주 좋은 냄새를 풍기고 있는 음식이 사테(꼬치구이)이다. 닭고기 튀김이나 어육 튀김 등 튀김을 팔고 있는 곳도 있다. 파파야 무침(솜땀)이나 구운 바나나, 찐 찹쌀(카오니야)를 파는 곳, 과일을 잘라서 파는 곳, 생주스를 파는 곳, 코코넛 밀크가 들어간 타피오카를 파는 곳 등 디저트도 길거리에서 충분히 먹을 수 있을 정도로 많다.

태국의 식사예절

- 태국음식은 식재료를 잘게 썰어서 조리하므로 나이프는 사용하지 않는다.
- 국물이 있는 국수를 먹을 때에는 젓가락과 숟가락을 사용하고, 튀긴 국수는 포크와 스푼을 사용하며, 생선을 넣은 국수는 숟가락만 사용한다.
- 음식을 먹을 때는 소리를 내지 않고, 입술을 오므리고 먹는다.

4) 베트남

베트남음식은 주식과 부식의 구별이 뚜렷하고, 주식으로 쌀을 먹으며 쌀을 가공한 쌀국수, 라이스 페이퍼 등 쌀가루를 이용한 가공식품을 많이 사용한다.

쌀국수, 라이스페이퍼

베트남 사람들은 채소를 많이 먹는데, 특히 쌀로 얇게 종이처럼 만들어 말려 놓은 라이스 페이퍼(Rice Paper)에 생채소를 싸 먹기도 하며, 식사 때마다 상 위에 올려 놓고 먹는다. 베트남 향미채소인 물시금치, 바질, 박하, 고수 등을 즐겨 먹고, 칠리 고추, 마늘, 파, 생강, 레몬 그라스 등의 향신료를 적절히 사용하여 베트남 특유의 음식 맛을 내며 음식 색의 조화도 이룬다.

식사 전후에 차를 잘 마시지만, 식사를 할 때는 다른 음료를 마시며, 말린 꽃, 장미, 쟈스민, 국화 또는 연꽃 등을 넣은 향차를 즐겨 마신다. 커피는 우유나 생크림보다는 단맛이 있는 연유를 넣어 마시는 것을 즐긴다.

베트남 음식문화의 특징

· 프랑스와 중국 음식문화의 영향을 받았다.
· 쌀을 이용한 요리가 많다.
· 비교적 맛이 순하고 담백하다.
· 음료의 문화가 잘 발달되었다.
· 사찰 음식문화가 있다.
· 어장 문화권이다.

베트남의 대표음식

껌 까리 가(Com Cari Ga)

닭고기 카레 덮밥

껌 보(Com Bo)

쇠고기 덮밥

껌 땀(Com Tam)

새우 덮밥

퍼보(Pho Bo)

쇠고기와 쇠고기 국물을 넣어 말은 국수

퍼가(Pho Ga)

닭고기를 넣어 말은 국수

분(Bun)

국수보다 가는 면발로 누들 샐러드나 국물 있는 국수 등에 많이 사용된다. 닭고기, 돼지고기 등과 함께 양념에 찍어 먹는 음식이다.

고이꾸온(Goi Cuon)

라이스 페이퍼에 채소나 고기, 새우 등을 넣고 말아서 먹는 음식이다.

짜조(Cha Gio)

고이꾸온을 튀긴 것으로 주로 중요한 가족 행사나 설날에 사용하며 전채요리로 이용한다.

가오넵(Gao Nep)

디저트나 아침식사용으로 많이 사용하며, 끈적하고 무거워 푸딩을 만들거나 바나나 잎에 싸서 찐 떡 종류를 만든다.

반 포(Baunh Pho)

얇고 넓적한 쌀국수로 누들수프나 볶음 국수에 많이 이용한다.

베트남 식사예절

· 여러 사람이 같이 먹을 때는 커다란 그릇에 담아 식탁 위에 놓고 함께 먹는다.
· 밥은 작은 밥그릇을 담아 입가에 대고 젓가락으로 먹는다.
· 여럿이 먹는 음식을 덜 때에는 젓가락을 거꾸로 사용한다.
· 식사 도중 식탁 위에 숟가락을 놓을 때에는 반드시 엎어 둔다.
· 식사가 끝나면 젓가락을 밥그릇 위에 가지런히 얹어 놓는다.

5) 인도

인도는 다인종 국가이며 중동, 서양문화의 영향으로 음식도 지역과 종교에 따라 매우 다양하고, 음식은 색과 맛, 질감이 서로 조화를 이룬다. 대부분의 힌두교도들과 이슬람교도들은 종교적인 정서로 인해 돼지고기와 쇠고기를 기피한다. 종교적 또는 경제적 이유로 곡물과 콩으로 단백질을 섭취하며, 우유로 만든 다히(Dahi)와 버터를 요리에 많이 이용하므로 영양적으로는 문제가 없다. 인도의 전통을 지키는 채식주의자들은 비 채식주의자와 동석을 거부하는 사람들도 있다.

인도의 음식들은 한꺼번에 개인별로 제공되며, 주식에서 간식에 이르기까지 대부분의 음식에는 향신료가 사용된다. 음식들은 가열해서 만든 음식이 많으며, 장시간 은근하게 찜으로 하는 조리법으로 향신료가 잘 스며들어 깊은 맛이 있다.

인도의 음식문화의 특징

· 북부는 밀가루로 만든 차파티나 난, 남부는 쌀이 주식이다,
· 콩이나 향신료의 이용이 다양하다.
· 종교적인 성향이 강한 식생활을 하고 있다.
· 식생활에 카스트제도의 영향을 많이 받았다.

인도의 일상식

인도는 한꺼번에 차려지는 공간 전개식 상차림으로 1인분씩 탈리에 담아서 먹는다. 탈리는 금속으로 만든 쟁반같이 '큰 접시'를 의미하는 데, 각 음식을 탈리의 가장 자리에 적당

히 돌려 담아 접시 위에 음식을 배열한다. 탈리에 쌀밥이나 차파디 등의 주식과 달(수프), 커리 종류, 아차르(반찬), 다히(요거트) 등을 수북이 담는 것이 인도의 정식이다. 역의 식당이나 열차 안에서의 식사도 탈리이고, 일반 식당에서도 탈리의 형식으로 식사를 제공하는 곳이 많다.

인도의 대표음식

비리야니(Biriyani)

향신료나 견과류를 사용한 고급음식으로 채소만으로 만든 것도 있지만 양고기, 닭고기를 일반적으로 사용한다.

차왈(Chwall)

백미로 지은 밥으로 우리나라 흰쌀밥과 유사하나, 쌀의 종류가 달라 끈기가 적다.

난(Naan)

정제한 흰 밀가루를 발효시켜 만든 것으로 반죽을 큰 항아리처럼 생긴 진흙화덕인 탄두르(Tandoor)의 안쪽 벽면에 넓은 잎사귀 모양을 얇게 늘여 붙여서 굽는다.

차파티(Chapati)

밀기울이 든 밀가루를 물에 개어 얇게 만들어 구운 빵이다. 차파티는 통밀로 빻은 밀가루에 소금을 넣고 반죽하여 발효시키지 않고 0.1~0.2cm 두께에 20㎝ 정도의 원판형으로 얇게 밀어서 달군 돌판이나 철판 위에서 굽는다. 난이나 차파티는 양고기, 채소, 과일을 얹어서 반으로 접거나 작게 뜯어 커리와 함께 먹는다.

푸리(Puri)

반죽을 기름에 튀겨서 부풀린 것으로 인도식 스낵이다.

커리(Curry)

인도에는 약한 불에서 은근하게 가열하여 24가지 이상의 향신료가 잘 스며들어 깊은 맛이 나는 음식이 특징인데, 그 중 대표적인 것이 커리이다. 커리는 채소와 고기에 향신료를 넣고 걸쭉하게 끓인 음식으로 밥에 얹어 먹거나 차파티나 난과 함께 먹는다.

탄두리 치킨(Tandoori Chicken)

닭을 요거트와 여러 가지 향신료에 재웠다가 쇠꼬챙이에 꿰어서 탄두르에 넣어 구운 요리로 향신료가 속까지 배어서 맛이 향기로운 북부 인도의 요리이다. 탄두르의 바닥에 장작불을 피워 달군 다음 그 안에 식품을 넣어 굽는다.

달(Dhal)

부드럽게 삶은 콩에 혼합 향신료인 마살라를 가미한 수프로 밥이나 차파티에 섞어서 먹는다. 달을 만드는 콩은 큰 것과 작은 것, 황색과 검은빛이 도는 것 등 여러 종류가 있으며, 콩의 종류에 따라 맛과 모양이 다르다.

사모사(Samosa)

얇은 반원형의 페이스틀 반죽에 다진 고기나 감자 등의 채소로 속을 채운 뒤 삼각형으로 접어 튀긴 요리로 민트처트니나 칠리소스를 곁들여 먹는다.

파코라(Pakora)

꽃양배추, 양파 등의 채소에 마살라 맛의 옷을 입힌 튀김으로 치킨 파코라는 닭을 그대로 튀긴 것 같은 느낌이 든다.

알루 초프(Alu Chop)

데친 감자를 크로켓이나 하트 모양으로 만들어 기름으로 튀긴 것으로 매운 소스를 뿌려서 먹는다.

음료

인도에는 다양한 음료들이 있다. 라씨(Lassi)는 요거트에 설탕과 물을 넣어서 섞은 음료로 단맛과 신맛이 있고 갈증 해소에도 좋다. 차이(Chai)는 가장 대중적인 음료로 인도 홍차를 끓여서 우유, 설탕 등을 넣고 마신다.

인도 식사예절

- 식사 때는 낮은 걸상을 사용하거나 바닥에 앉는다.
- 좌석배치에는 규칙이 있으며, 오른쪽에 주인, 왼쪽으로 가면서 연령 순서로 앉고, 노인과 소년, 소녀는 떨어져 앉는다. 성인이 되면 여자는 남자와 함께 식사를 할 수 없고 남자의 시중을 든다.
- 식사 전에는 반드시 물로 양손을 씻는다.
- 식사는 반드시 오른 손으로 한다.
- 식사 중에 이야기하는 것은 무례하다고 여기므로 식사가 끝난 다음, 손을 씻고 양치한 후에 이야기를 시작한다.

6) 터키

오스만 제국의 600여 년에 이르는 영토 확장시기에 유럽, 페르시아, 발칸, 북부 아프리카 등의 문화 융합을 통하여 독특하며 세계적인 음식 문화를 발전시켰고, 종류도 다양하다. 중앙아시아 유목민들의 소박한 요리에서 시작하여 중동지방의 섬세하고 풍요로운 야채, 과일, 육류, 해산물로 만들어진 요리로 발전되면서 세계적인 요리로 자리잡게 되었다. 스프, 볶음밥과 같은 필라프(Pilav)를 즐겨먹고 유제품이 풍부하다. 요리할 때 채소에 버터나 올리브를 넣고 약한 불로 오래 익혀서 깊은 맛을 낸다. 또한 국토의 많은 부분이 바다에 접해 있어 생선을 이용한 요리가 발달하였다. 터키의 음식문화는 전 국민이 이슬람 종교의 영향을 받아 돼지고기, 돼지고기로 만들어진 햄, 소시지 또한 금지식품으로 규정되어 있다. 또한 술은 악의 근원으로 간주하여 음주가 죄악시된다. 또한 터키인들은 쇠고기보다 양고기를 즐겨 먹고 돼지고기는 코란에서 금하고 있기 때문에 먹지 않고 사육도 하지 않는다. 또한 오랜 유목 생활로 육류가 풍부하고 물이 귀하기 때문에 삶아 먹기보다 꼬치에 끼워 구워먹는 식습관을 가지고 있다.

터키 음식문화의 특징

· 주식을 빵으로 한다.
· 술과 돼지고기는 금기시하고 양고기를 선호한다.
· 굽는 조리법이 발달하였다.
· 맵고 자극적인 향신료를 많이 사용한다.
· 유제품을 많이 이용한다.

· 생선과 채소 및 과일을 이용한 요리가 발달하였다.
· 차를 즐긴다.

터키의 일상식

터키인은 하루 세 번의 식사를 기본으로 한다. 아침과 점심은 간단히 먹고, 저녁은 가족이 모여 성찬을 즐기는 전통을 이어오고 있다.

빵과 토마토, 올리브, 치즈, 스프 또는 따끈한 차이(Chai)를 마시는 정도로 간단하면서도 영양가가 풍부한 아침식사를 먹는다. 점심식사는 대체로 일찍 먹으며 보통 육류나 생선요리 한가지와 빵, 샐러드 등을 먹는다. 후식으로는 과일이나 단 후식을 먹는다. 저녁은 가족이 함께 모여서 식사를 하게 되는데, 절차에 따라 스프, 육류, 밥, 에크멕, 마카로니 또는 보렉(Borek) 등이 나온다. 공동으로 먹을 수 있는 야채샐러드, 터키식 짠지 투루슈(Torishi) 또는 요거트 등이 함께 식탁에 놓여진다. 식사 뒤에 후식으로 단과자나 빵 등이 나오고 과일을 먹는다.

음식은 간이 짠 것은 아주 짜고 샐러드 등은 아주 싱거운 이중적 맛을 지니고 있으며, 매운 음식을 먹은 뒤에 단 후식을 먹고 신선한 생채소를 많이 먹는다.

터키의 대표음식

돌마(Dolma)

속을 채운 음식을 모두 돌마(Dolma)라고 부른다. 포도나무 잎, 양배추 잎, 피망, 가지, 호박 등의 채소 안에 각종 양념을 한 쌀이나 고기, 채소, 견과류, 파스타를 넣어 쪄서 만든 음식으로 그 종류가 수십 가지에 이른다. 미디에 돌마(Midyedolma)는 홍합 안에 쌀을 넣어 쪄서 만든 음식으로 즐겨 먹는다.

필라프(Pilav)

한국의 볶음밥과 비슷한 것으로 밥을 할 때 처음부터 버터나 마가린 등을 넣어 볶는다. 특히 기름을 섞은 흰밥인 베야즈 필라프(Beyaz Pilav)를 즐겨 먹는다.

빵

빵은 터키인들의 주식이며 이동과 보관이 용이하여 이동을 주로 하는 유목민들에게 편리한 음식이었다. 밀이 풍부하여 다양한 빵을 만들어 먹었는데 에크멕(Ekmek), 피데(Pide), 간식인 시미트(Simit), 포아차(Pogaca), 보렉(Borek) 등이 있다.

· 에크멕(Ekmek) : 바게트와 비슷한 맛으로 식당에서 흔히 제공되는 빵이다.
· 피데(Pide) : 밀가루만 사용하여 구운 얇고 둥글넓적한 빵이다. 피자와 비슷하고 치즈의 양은 적어 담백하다.
· 시미트(Simit) : 고리 모양의 빵과자로 약간 짭짤하고 깨가 붙어 있어 고소한 맛이 난다. 길거리에서 쉽게 구입할 수 있는 빵이다.
· 포아차(Pogaca) : 간단하게 간식으로 즐기는 빵으로 포아차 속에는 요거트나 치즈가 들어 있다.
· 보렉(Borek) : 치즈나 달걀, 각종 야채, 갈은 고기 등이

들어 있는 얇은 페이스트리로 굽거나 튀긴 것이다.

만트(Manti)

한국식 만두와 비슷하다. 작은 만트를 쪄서 그 위에 갈은 마늘, 요거트, 기름을 섞은 토마토소스를 얹은 후 고춧가루를 뿌려서 만든다.

초르바(Corba)

수프의 한 종류로 녹두 및 야채 스프 등이 있다. 메인요리 전에 먹게 되는 스프인 멜줌 초르바(Melzume Corba)는 녹두를 갈아 만드는 녹두죽과 유사하다.

괴즐레메(Goezleme)

밀가루 반죽을 얇게 펴서 그 안에 치즈와 시금치, 감자 등을 넣고 팬에 구워 낸 간식이다.

케밥(Kebab)

· 쉬쉬 케밥 : 양고기 또는 쇠고기, 닭고기를 적당한 크기로 잘라 꼬치에 끼워서 숯불에 구워내는 음식이다.
· 도네르 케밥 : 얇게 썬 고기를 몇 겹으로 금봉에 감아 회전시키면서 굽는 숯불구이 형식이다. 겉이 익을 때마다 가늘고 긴 칼로 위에서 아래로 베어내어 토마토, 고추 등의 채소와 함께 밀가루 반죽을 얇게 해서 구운 빵에 싸서 먹는 대표적인 케밥이다.
· 아다나 케밥 : 잘게 자른 육류를 여러 가지 매운 양념과 함께 버무려 모양을 잡아 꼬치에 끼운 후 구워내는 케밥으로 매운 양념이 특징이고 아다나 지방에서 유명한 케밥이다.

퀘프테(Kofte)

고기를 갈아 단자를 만들어 화덕에 구운 것으로 빵, 구운 고추, 생 토마토 등을 곁들여 먹는다. 물 녹말과 고추기름을 넣어 맵고 걸쭉하게 만들어 먹기도 한다.

파스트르마(Pastirma)

쇠고기나 양고기에 후추가루와 향료를 뿌려 소금에 절인 다음 햇볕에 말린 식품이다. 장기보관이 쉽고 운반이 편리하여 군용식품으로 이용하기도 했으며 오랜 유목생활을 해온 터키인들에 꼭 필요한 식량 중의 하나이다.

샐러드

터키의 샐러드 살라타(Salata)는 채소를 깨끗이 씻어 신선한 상태로 제공되며 토마토, 코리엔더, 붉은 양배추, 양상추 등이 있다.

절임 음식

채소나 향신료를 사용하여 짠지를 담근다. 터키식 짠지를 투루슈(Torshi)라고 한다 오이, 당근, 토마토, 피망, 올리브, 마늘, 고추, 양파 등을 이용해 만든다.

이 외에도 요거트, 아이란, 치즈 등의 유제품과 차이와 같은 음료가 있다.

후식으로 단 과자와 과일을 먹는다. 코란에서 음주를 금하고 있으나 다른 이슬람 문화권과 다르게 융통성 있는 음주문화를 가지고 있다. 와인과 라키 이외에 포도나 다른 과일을 이용해서 만든 과실주와 말의 젖으로 만든 쿠미즈(Kumyz) 등이 있다.

터키의 식사예절

· 터키인들은 음식을 가리거나 음식에 대해 불평하는 행위를 좋지 않게 여기고 소식하는 것을 미덕으로 여긴다. 손님을 초대했을 경우에는 음식을 충분히 마련하며, 손님은 주어진 음식을 남기지 않고 먹는 것이 예의이므로 식전에 음식의 양을 표시하는 것이 좋다.
· 종교성이 강한 가정에서는 식전과 식후에 반드시 기도를 한다.
· 숟가락이나 포크를 빵 위에 올려놓지 않는다.
· 상대방 앞에 있는 빵 조각은 먹지 않는다.
· 식사 중에 대화를 할 때는 입안에 음식을 넣고 말을 하지 않는다.
· 식사 후에는 식사를 마련한 사람에 대한 감사의 표시로 '엘리지네 사을륵'(Ellnize saglik : 그대의 손에 건강이 깃들기를...)이라는 감사의 인사를 반드시 한다.
· 음식을 주고 받을 때는 반드시 오른손을 사용한다.

2. 유럽

1) 이탈리아

남북으로 길게 뻗은 장화 모양을 가진 이탈리아는 지방색이 강하여 '이탈리아 요리는 없고, 향토요리뿐이다' 라는 말이 생길 만큼 각기 그 지방마다의 특색이 뚜렷하다. 북부지역은 버터와 쌀로 만든 요리가 발달하였고, 남쪽지방은 올리브유와 파스타를 이용한 요리가 많다.

이탈리아 음식에서 공통으로 나타나는 식재료는 곡물, 올리브유, 와인이다. 와인은 단순한 음료 이상으로 음식의 부재료로써 마리네이드액이나 소스, 스톡의 역할까지 하고 올리브유도 지방마다 맛이 다르고 와인도 수천가지에 이를 정도로 다양하다.

이탈리아 음식문화의 특징

· 지역적 특색이 강하다.
· 식재료가 풍부하다.
· 육류요리가 발달하였다.
· 이탈리아의 정찬은 보통 3~6코스로 이루어진다.

이탈리아의 일상식

이탈리아는 전통적으로 5번의 식사가 있다.

아침식사 : 콜라지오네(Colazione)

성인은 커피 한잔으로 아침을 해결하고, 아이들도 우유와 비스킷을 먹는 것이 일반적이다. 바에서 아침식사를 하는 사람들은 '카페오레'나 우유가 들어 있지 않은 진한 커피인 '에스프레소'를 마시는 경우가 많다. 간혹 빵을 먹는 경우 작은 케이크 한 조각 정도이다.

스푼티노(Spuntino)

아이들은 학교 가는 길에 간식용 빵을 사가지고 가서 쉬는 시간에 스푼티노를 먹는다. 어른들도 오전 11시를 전후해서 바에 나와 간단히 빵과 커피로 스푼티노를 해결한다.

점심식사 : 프란조(Pranzo)

오전의 일이나 학교가 끝나는 시간은 오후 1시경이며 가정에서의 점심식사가 일반적이다. 또한 라틴계 특유의 관습인 삐졸리노(Pisolino;시에스타), 즉 낮잠 자는 시간까지 겸할 수 있는 3시간 가량의 점심시간을 즐긴다는 점도 특이하다. 일반적으로 상점들을 오후 1시경에 문을 닫고 오후 4시를 전후해서 다시 문을 연다.

메렌다(Merenda)

오후 4시경에 오후 업무가 시작된다. 이 후 5시 무렵 거리의 피자집에서 피자를 먹거나 집에서 구운 케이크와 커피를 마신다.

저녁식사 : 체나(Cena)

오후 일과는 대개 7시 반경에 끝나게 되고 저녁식사는 보통 8시 반 전후해서 갖게 된다.

이탈리아인들은 온 가족이 다 함께 식사하는 것을 매우 중요하게 생각하므로 저녁식사 때 온 가족이 모여 정찬을 즐기는 경우가 많다. 이 때는 보통 프리모피아토-세콘도피아토-돌체 또는 안티파스토-세콘도피아토-돌체를 먹는다. 이 때 와인은 필수이다.

이탈리아의 정찬 코스

전채요리 : 안티파스토(Anti Pasto)

'식사 전에' 라는 의미로 전채요리, 즉 식사 시작에 앞서 식욕을 내는 요리를 말한다. 가정에서는 프로슈토(Prosciutto), 소시지류, 올리브, 앤쵸비, 채소, 초절임 채소, 치즈 등을 즐겨 먹고, 식당에서는 이 외에 해산물 샐러드, 버섯요리, 비텔로 톤나토 등이 있다.

첫 번째 접시 : 프리모피아토(Primo Piatto)

'첫 번째 접시'라는 뜻으로 전식에 해당한다. 파스타, 리조또, 미네스트로네와 주파(Zuppa:국물이 거의 없는 상태) 등의 스프류를 말한다. 채소중심의 가벼운 것부터 고기와 어패류가 들어간 호화로운 것까지 다양하다.

두 번째 접시 : 세콘도피아토(Secndo Piatto)

'두 번째 접시'란 뜻으로 생선요리(Pesce)나 고기요리(Carni)로 된 주 요리를 말한다. 송아지를 이용한 밀라노식 커틀릿, 티본을 이용한 피렌체식 스테이크, 생 햄을 싸서 구워낸 송아지 구이, 힘줄이 있는 송아지 고기 조린 것 등으로 지방마다 독특한 요리가 있다. 콘토르노(Contorno)라고 하는 곁들임 채소, 샐러드, 빵이 함께 나온다.

후식 : 돌체(Doice)

식후의 디저트를 말한다. 식후 치즈를 먹고 달콤한 파이류, 과일, 케이크, 아이스크림 등의 디저트를 먹은 다음 커피나 식후주로 식사를 마무리한다. 젤라또(Gelato)라 부르는 아이스크림 등의 차가운 디저트는 이탈리아가 원조이다.

아이스크림을 띄운 에스프레소인 아포카토, 초콜릿 푸딩, 과일의 시럽절임인 마체도니아 등이 있다.

이탈리아의 대표음식

빵과 살라미

이탈리아에서 빵과 살라미는 간단한 간식이다.

살라미

북부에서 남부까지 다양한 종류가 있다. 주고 돼지고기로 만들고 지역의 기후, 동물의 종류에 따라 다양한 맛을 내고 저장한다.

빵(Pane)

각 지방마다 다른 빵을 먹는데 빵은 대체로 밀과 이스트만을 이용해 만들고 특히 중부지방의 토스카나에서는 버터나 소금을 전혀 이용하지 않고 순수 밀가루만을 사용하기도 한다.

피자

피자(Pizza)는 그리스의 동그랗고 납작한 빵인 피타(Pita)빵이 그 어원이다. 초기 피자는 둥글고 납작한 밀가루 반죽 위에 소스를 얹어서 장작 가마에 구워냈다. 나폴리에서 토마토 소스, 토마토, 바질, 모짜렐라 치즈를 넣고 피자를 만들어 마르게리타 왕비를 기쁘게 하기 위해 이탈리아의 3색 기를 상징하는 피자를 만들어 애국심을 표현했고, 이 피자가 전국적으로 히트를 치게 된 마르게리타 피자가 되었다.

나폴레타나(Napoletana)

도우(Dough : 피자반죽) 위에 엔초비를 토핑하여 만든 피자

마르게리타(Margherita)

도우 위에 토마토, 바질, 모짜렐라 치즈로 토핑하여 만드는 가장 기본적인 피자로 맛이 담백하다.

칼조네(Calzone)

밀가루 반죽 사이에 여러 가지 재료와 치즈를 넣고 반달 모양으로 겉을 싸서 오븐에 구운 이탈리아 전통요리로 피자의 일종이다.

파스타

파스타 종류

밀가루로 만든 국수의 일종으로 듀럼밀(Durum Wheat)의 배아를 거칠게 갈아 만든 세몰리나(Semolina)로 다양한 형태의 모양을 만든다. 파스타의 종류는 150여 가지나 되며 형태는 약 600여 가지나 된다.

· 스파게티 : 얇고 긴 국수형태의 파스타로 굵기에 따라 다양한 종류가 있다.
· 라자냐 : 반죽을 판형으로 민 파스타로 라자냐, 소스, 치즈를 켜켜이 쌓아 만든 요리이다.
· 라비올리 : 판형의 파스타 사이에 치즈, 갈은 고기, 새우, 채소 등을 넣고 만두처럼 속을 채워 만든다.
· 뇨끼 : 감자와 밀가루 또는 호박을 넣어 만든 것으로 모양이 작은 수제비와 비슷하다.

소스

· 볼로냐식(Bologness)소스 : 고기와 양송이, 양파를 다져서 토마토를 넣은 붉은색 소스
· 까르보나라(Carbonara)소스:베이컨과 생크림을 이용해 만든 흰색 크림 소스
· 봉골레(Vongole) : 봉골레는 이탈리아어로 조개를 뜻하고 조개와 마늘을 주재료로 쓰는 나폴리식 소스
· 해물(Mare)소스 : 홍합, 오징어, 새우 등을 주재료로 하고 경우에 따라 연어, 조개, 패주, 생선 등 해산물과 토마토를 넣은 소스
· 알리오올리오 페페론치노(Peperoncino) : 마늘과 고추, 올리브유만을 써서 담백하고 매콤한 소스

리조또(Risotto)

북부 이탈리아에서 발달한 쌀 요리로 기름이나 버터에 쌀, 채소, 고기를 넣고 볶다가 포도주로 향을 내고 육수를 넣어 죽처럼 부드럽게 익혀 치즈가루를 섞어서 먹는 요리이다.

주파(Zuppa)

맑은 육수로 된 스프는 식사를 시작하는 코스로 먹고, 채소와 파스타를 넣어 진하게 만든 스프는 가벼운 저녁식사로 먹기도 한다. 스프는 파스타, 리조또와 함께 내지 않는다.

치즈(Cheese)

고대에는 양젖과 염소젖으로 만든 치즈만 먹었으며, 우

유로 만든 치즈는 북부지방에서 소를 키우는 낙농이 번성하게 되면서 만들어지게 되었다. 치즈의 종류는 약 500여 종으로 '파마산' 치즈와 '고르곤졸라' 치즈 등은 고대 로마 시대부터 내려 온 전통적인 방법으로 만든다.

와인

각 지역마다 그 지방 특유의 포도주를 생산(Vino di Produzione Locale : 비노 디 프로두초네 로칼레, 지방와인)하는데, 그 지방의 음식과 완벽하게 어울린다.

식전주에는 약초를 배합한 Cinzano(친차노), Martini(마르티니), Campari(캄파리) 등이 있고 식후주로는 짜고 남은 와인을 증류주로 만든 Grappa(그라파)를 많이 마신다.

이탈리아의 식사예절

· 빵, 고기, 감자튀김 등은 손으로 먹기 때문에 손의 청결에 주의해야 한다.

· 식사도중 손을 식탁 밑으로 내리거나 팔꿈치를 식탁 위에 올리지 않는다.

· 식탁 위에 올려 있는 소금, 후추를 옆 사람에게 달라고 하지 않으며 본인이 가져다 먹는 것이 예의있는 행동이다.

· 샐러드는 반드시 각자의 개인 접시에 덜고 소스가 따로 안 나오는 경우는 식탁 위에 있는 올리브오일, 소금, 후추 등을 자기 입맛에 맞게 넣어 먹는다.

· 식탁이나 그 외의 장소에서 트림하는 것은 예의에 어긋나는 행동이다.

2) 스페인

스페인은 매콤하고 자극적인 음식을 좋아하며 후추, 마늘을 특히 요리에 많이 이용한다. 밀을 주식으로 하고 육류를 즐기는데, 특히 어패류, 육류를 섞어 만든 요리들은 묘한 어울림으로 음식의 맛을 높혀 준다. 게르만 민족의 영향으로 육가공품이 발달하였고, 아랍권 나라들로부터 들어온 쌀, 레몬, 후추, 오렌지, 사탕 등이 다양하게 이용되었다. 특히 콜럼버스의 아메리카 신대륙 발견 이후 들어온 감자는 스페인의 기근해소를 위해 많은 역할을 하였고 토마토, 고추, 카카오, 초콜릿 등도 음식문화를 더욱 풍성하게 만들었다.

스페인 음식문화의 특징

· 다양한 식재료를 이용해서 음식이 다채롭다.
· 향신료와 올리브를 이용한 음식이 많다.
· 진한 와인을 즐긴다.
· 요리에 콩을 많이 이용한다.

스페인의 일상식

식사는 하루에 다섯 번으로 아침, 오전 간식, 점심, 오후 간식, 저녁 식사를 한다. 지중해성 기후로 여름철 밤늦게까지 해가지지 않아 늦은 시간에 식사를 하는 습관이 생겨났고, 자연히 늦은 식사 시간으로 인하여 중간에 간식을 하게 되는데, 식사 횟수도 많고 그 시간대도 특이하다.

아침은 오전 8시경으로 올리브유를 바른 빵과 초콜릿을 입힌 추로스나 커피를 먹는다. 토스트를 먹을 때에는 마가린이나 치즈, 잼을 발라 먹는다. 오전 11시경에는 간단하게 간식 시간을 가지는데, 스페인식 샌드위치인 보카티요나 오믈렛을 먹기도 한다.

점심은 오후 2시 이후로 전채요리와 후식을 곁들인 정식을 천천히 즐기면서 먹는다. 에피타이저로 샐러드와 계란, 하몽 등을 먹고 육류와 생선류 등의 주 요리를 먹는다. 점심식사 시간 후에는 부족한 잠을 보충하는 시간을 가지며, 상점도 오후 2시부터 한 두 시간 동안 열지 않는다.

저녁 6시경에는 오후 간식인 메리엔다를 즐기는데, 주로 오븐에 구운 후 바게트에 토마토를 바르고 올리브유와 소금을 뿌린 빵과 커피나 음료를 먹는다.

저녁 식사는 오후 일과를 마치는 밤늦은 9시 이후로 하는데, 점심보다는 가볍게 먹으며 보통 스프와 또띠아를 와인과 함께 먹는다.

빠에야(paella)

빠에야는 '넓고 얇은 프라이팬'을 뜻하며 닭고기, 새우, 홍합, 조개, 마늘, 양파 등을 올리브유로 볶아 향을 낸 후 쌀을 넣고 끓인 요리로 해물 볶음밥과 유사하다. 빠에야는 발렌시아 지방에서 유래된 전통음식으로 노란색을 띄는 샤프란을 넣어 색과 향이 특징적이다.

타파스(tapas)

원래 유리잔에 음료수나 술을 채운 후 파리로부터 음료수를 보호하기 위해 빵 한 조각을 올려놓던 것이 그 기원인데, 현재는 작은 접시에 소시지, 절인 생선, 치즈, 샐러드 등 다양한 재료와 종류들로 만든 작고 간단한 요리들을 말한다. 점심과 저녁 후에 먹는 대표적인 음식이다.

하몽(jamón)과 초리소(chorizo)

하몽은 돼지의 뒷다리를 생으로 소금에 절여 신선한 바람에 말린 것으로 대표적인 저장육류식품이며, 소금에 절인 후 건조했기 때문에 저장성이 뛰어나 오랜 기간 동안 천천히 먹을 수 있는 특징이 있다.

초리소는 다진 돼지고기, 소금과 다진 파프리카를 돼지 내장에 넣어 만든 소시지로 우리 나라 순대와 흡사하고 매콤하다.

가스파쵸(gazpacho)

토마토, 오이, 양파, 마늘과 빵을 익히지 않은 채 갈아서 거른 것에 물을 넣고 소금과 레몬으로 간을 한 차가운 스프이다.

추로스(churros)

아침 식사용이나 간식으로 먹는 빵으로 밀가루에 베이킹 파우더를 넣어 반죽 후 막대모양이나 U자 모양으로 튀긴 도넛의 일종이다. 주로 초코라떼나 커피와 함께 먹는다.

와인(wine)

와인은 북부 프랑스 국경에서부터 남부 해양지대에 이르기까지 전 지역에서 생산된다. 셰리와인은 서로 다른 해에 생산된 포도를 섞어서 발효시켜 담백하거나 단맛이 나는 화이트 와인으로 알코올 도수를 18~20%정도로 만든 강화와인이며 에피타이저나 디저트 와인으로 많이 사용된다.

3) 독일

독일의 음식문화는 주변국가인 이탈리아, 프랑스 등의 화려한 음식문화에 감자, 소시지, 돼지고기, 빵 등을 먹는 검소하고 소박한 음식 문화를 가지고 있다.

라인강을 기준으로 북부지역은 해산물 요리가 풍부하며 스칸디나비아 반도지역은 청어를 많이 먹고 저장성이 좋은 훈제 방식으로 생선을 요리한다. 남부지역은 돼지고기를 이용한 가공 기술이 뛰어나 육류요리가 발달하여 소시지, 햄 등을 만들어 먹었다. 동부지역은 파프리카나 캐러웨이 등 강한 향신료를 많이 사용한다. 라인강 주변의 서부지역은 포도의 생산이 적합하여 와인을 활발히 제조하고 매운 양념은 사용하지 않는다.

독일의 음식문화의 특징

· 독특하고 서민적이며 소박한 음식이 많다.
· 지역적 차별화 및 저장요리가 발달하였다.
· 환경을 우선시하는 생활문화가 일상생활에 배어 있다.
· 일상식은 감자와 빵을 주식으로 한다.

독일의 일상식

아침식사는 대개 무가당 빵, 삶은 달걀과 커피, 우유, 주스 등을 먹는다. 빵은 버터를 바르고 그 위에 꿀, 과일잼을 바르거나 햄이나 슬라이스 치즈를 올려 먹고 삶은 달걀은 달걀형 용기에 달걀을 세워 놓고 티스픈으로 달걀의 윗부분을 쳐서 분리시킨 뒤에 소금을 뿌려 가면서 티스푼으로 먹는다. 점심식사는 육류로 된 주 요리에 감자, 쌀, 국수, 야채 샐러드 등 따뜻한 음식으로 푸짐하게 먹는다.

저녁식사는 간단하게 먹는데, 잡곡을 넣은 빵에 소시지, 햄, 치즈 등을 곁들여 주로 찬 음식을 먹는다.

독일의 대표음식

사워크라우트(Sauerkraut)

양배추를 소금에 절여 발효시킨 후 캐러웨이와 같은 향신료를 섞어 만드는데, 시큼하고 아삭한 느낌이 나는 독일식 김치로 피클과 함께 서양 김치의 대표적인 음식이다.

슈바이네학세(Schweinehaxe)

소나 돼지의 발목 바로 위의 부분인 정강이뼈를 소금에 양념한 후 오븐에 구워낸 요리로서 껍질이 별미이며 사워크라우트와 함께 먹는다.

크네델(Knedel)

감자로 만든 야구공만한 크기의 감자 완자이다. 독일은 기후와 지형이 감자 재배에 적합하여 감자를 이용한 감자스프, 통감자구이, 감자팬케이크, 감자 튀김 등의 요리가 있다.

소시지(Sausage)

각 지방마다 사용하는 향신료, 조리법이 다양하여 소시지 종류가 약 1,500여종이 넘는다. 삶아 먹는 보크(bock) 소시지, 그릴 판에 구워 먹는 크라카우어 소시지, 돼지고기와 소고기를 혼합하여 파슬리, 향신료를 넣어 훈제시킨 프랑크푸르터 소시지, 뮌헨 지방의 바이스부르스트, 커리 가루를 뿌린 커리부르스트등이 있다.

백포도주 및 맥주

포도주 생산의 한계지역으로 향기가 좋고 단맛이 나는 백포도주를 생산한다. 품종은 리슬링(riesling)으로 단맛이 적고 산도가 높으며 향이 진하다. 독일의 맥주는 전 세계에서 맥주 소비량이 최고인 나라로 맥주의 종류가 많으며 맥주를 음료수처럼 마신다.

독일의 식사예절

- 식사할 때 소리를 내지 않고 조용히 먹는다.
- 식사 후에 트림을 하는 것은 금기이지만 식사 중 또는 식사 후에 코를 푸는 것은 당연하게 받아들여진다.
- 식사 중에는 말을 아끼고 먹을 땐 가능한 빨리 남김없이 먹어야 한다.
- 식당에서 와인을 서비스 받을 때 웨이터가 포도주를 잔에 적정량 따라주면 '고맙습니다' 라고 말한다. 웨이터는 이 말에 따르기를 멈춘다.
- 독일 사람들의 식문화는 실용적이어서 한 접시에 음식을 다 담기 때문에 상 차리는 일이 번거롭지 않다.

4) 프랑스

프랑스는 지중해와 대서양에 접하고 있어서 기후가 온난하며, 농산물, 축산물, 수산물이 모두 풍부하여 요리의 좋은 재료가 된다. 요리의 특징은 소재를 충분히 살리고 합리적이며 고도의 기술을 구사하여 섬세한 맛을 내는데 있다. 맛을 내는 데 있어서 전통적인 포도주, 향신료, 소스가 큰 역할을 한다. 다양한 향신료는 잎이나 알갱이를 조리하기 전에 갈아서 신선하게 사용한다.

세계적으로 유명한 요리에는 달팽이 요리인 에스카르고(Escargo)요리, 특수한 조건에서 사육한 거위의 간으로 조리한 푸아 그라(Foie Gras), 흑갈색의 송로로 만든 트뤼플(Truffle)요리, 생굴요리 등이 있다.

프랑스 음식문화의 특징

· 시각적인 면을 강조한다.
· 다양한 향신료로 맛과 향을 더한다.
· 테이블 매너가 엄격하다.
· 하루 3식를 기본으로 하며 저녁 식사시간을 즐긴다.

프랑스의 일상식

아침식사는 간단히 크로와상 1~2개와 진한 에스프레소 커피에 뜨겁게 데운 우유를 섞은 카페오레 정도이다.

점심식사는 대개 2시간동안 전채와 메인 디쉬 및 후식으로 된 세 코스 정도를 먹는다. 전채는 제철과일, 테린, 파데(Pate), 햄 종류의 육가공품, 훈제연어 등으로, 메인디쉬는 채소, 곡류를 곁들인 어류, 육류이며 파이, 무스, 유제품 등의 단 후식을 먹는다.

일반적으로 음식에 포도주와 함께 달지 않은 음료를 곁들이고 식후에는 에스프레소나 차를 마신다.

정통 프랑스 저녁식사 코스는 12순서나 되지만 현재 4~5가지 정도로 간단히 먹고 가정에 따라 다르나 일상적인 저녁은 점심보다 가볍게 먹는다.

프랑스의 정찬코스

아뮈즈 괼(Amuse Gueele)

프랑스에서는 식사가 시작되기 전 식전주(Apéritif)를 마시며 느긋하게 즐기는 습관이 있다. 식욕을 돋구는 술로 대개는 비스킷이나 샌드위치가 조금 담긴 접시를 같이 내온다.

앙트레(Entrées) 또는 오르되브르(Hors D'oeuvre)

전채요리로 짠맛, 신맛이 있어 소화액 분비를 촉진시켜 식욕을 돋아주고 모양은 작고 예쁘며 색이 잘 조화되어 있다.

· 차가운 전채(Froide) : 훈제돼지고기, 훈제연어, 작은 정어리 요리 등

· 뜨거운 전채(Chaude) : 에스카르고, 프와그라 테린, 개구리 뒷 다리살 등

포타주 에 수프(Potages et Soupes)

고전적인 메뉴에서 스프류는 앙트레(Entrées) 앞에 오는데, 최근에 수프는 앙트레 속에 포함되어 있는 경우도 흔하다.

주 요리의 1코스로 콩소메(Consomme)는 맑은 닭고기나 쇠고기 뼈를 우려 낸 육수로 만든 스프, 포타주(Potage)는 진한 스프를 뜻한다.

뿌아송(Poisson)

스프 다음의 요리로 어패류, 갑각류 등 여러 가지 생선 요리가 사용된다. 생선요리에는 약간의 신맛이 나는 홀란데소스, 모르네소스, 메트로소스, 난투아소스, 타르타르소스 등을 곁들인다.

소르베(Sorbet)

주요리 전이나 다음에 나오는 것으로 설탕, 와인, 향기 좋은 술 등을 과일 퓨레에 넣고 부드럽게 얼린 것으로 상큼한 맛으로 입안을 정돈시키는 역할을 하여 주 요리의 맛을 더해준다.

주요리(Main Dish)

비앙드(Viandes)

· 샤또브리앙 : 쇠고기의 가장 고급이며 부드러운 안심부위이다.
· 필레미뇽 : 안심의 중간 부분을 잘라 구운 요리로 기름이 적고 부드럽다.
· 서로인스테이크 : 쇠고기의 등심 뒷부분에 붙어 있는 고기를 잘라서 구운 요리이다.
· 앙트르코드 : 갈비부위의 요리이다.

샐러드(Salad)

프랑스 스타일은 주 요리가 끝난 뒤에 샐러드를 제공하여 입가심을 한다.

디저트(Dessert)

셔벗

· 찬 후식 : 바바로와즈, 샬로트, 무스, 케이크, 아이스크림, 셔벗 등

· 더운 후식 : 크레페, 푸딩, 수플레 등

뜨거운 디저트

수플레 : 수플레란 '부풀다'라는 뜻의 프랑스어이다. 슈(chou) 껍질에 거품을 낸 난백을 섞은 슈 재료, 걸쭉한 커스터드크림에 거품을 낸 달걀흰자를 섞은 크림 재료, 되직한 베샤멜소스에 거품을 낸 달걀흰자를 섞은 베샤멜 재료, 설탕조림을 한 과일을 체로 걸러낸 것에 거품을 낸 달걀흰자를 섞은 푸르트 재료 등의 4가지 재료가 기본이다. 초콜릿 · 바닐라 · 커피 등을 넣어 여러 종류의 수플레를 만들 수 있다. 수플레는 식으면 부푼 것이 쭈그러들므로 구워낸 즉시 따뜻할 때 내야 한다.

· 오렌지수플레 : 오렌지의 속을 파내고 그 안에 버터, 달걀, 우유를 섞은 재료를 채워 찐다.

음료, 커피(Beverage)

마지막 코스에 음료가 제공되고, 커피는 카페오레, 진한 에스프레소, 아이스커피, 블랙커피, 홍차 등이 나온다.

프랑스의 대표 음식

카망베르(Camembert)

프랑스 카망베르 지방이 원산지이며 흰 곰팡이를 이용하여 숙성시킨 치즈다. 지름 12cm, 두께 3cm, 무게 약

300g으로, 숙성 기간은 약 3주다. 치즈 표면에는 흰 곰팡이가 펠트 모양으로 생육하며 단백질 분해가 비교적 빠른 것이 특징이다.

로끄포르(Roquefort)

양젖에 푸른 곰팡이를 넣어 만든 치즈로 강한 냄새를 낸다.

브리치즈(Brie)

'치즈의 여왕'이라 불리며, 지방 함량이 많아 부드럽고 순한 맛이 난다.

에멘탈(Emmental)

스위스가 원산지이며, 휠 모양으로 내부조식이 거칠고 구멍이 뚫린 형태로 스위스 음식 퐁듀에 이용한다.

바게트(Baguette)

강력분, 이스트, 소금으로 만들며, 겉은 바삭하고 속은 부드럽다. 햄, 치즈, 샐러드 등을 넣어 샌드위치로 많이 이용한다.

크로와상(Croissant)

주로 아침식사로 즐겨 먹으며 이스트로 발효한 버터를 넣은 페이스트리로 반달형, 유선형 두 가지가 있다.

브리오슈(Brioche)

주로 아침식사로 먹으며 우유, 버터, 설탕, 달걀, 럼주 등을 넣어 머핀 빵 위에 작은 혹이 난 모양으로 만든 것이다.

포도주(Wine)

식사 전 입맛을 돋우는 아뻬리티프(Apéritif)와인, 식욕 증진과 음식 맛을 잘 느끼도록 입안을 헹궈주는 테이블(Table)와인, 식사 후의 디저트(Dessert)와인까지 구분해서 즐긴다.

와인의 생산지에 따라 포도주 맛과 색깔, 향기 등이 다르고 따라서 생산자는 와인 등급을 나누는 기본이 될 만큼 중요한 지표가 된다. 포도주 산지는 보르도(Bordeaux), 부르고뉴(Bourgogne), 론(Rhone), 루아르(Loire), 알자스(Alace), 샹파뉴(Champaigne) 등의 6개 지역으로 나누어진다.

레드와인(Red Wine)

포도의 껍질과 씨를 함께 넣어 발효시켜 색소뿐 아니라 껍질과 씨에 있는 탄닌성분까지 함께 추출되어 떫은 맛이 난다. 알코올 농도는 12~14% 정도이고, 18~20℃의 상온에서 제 맛이 난다.

화이트 와인(White Wine)

주로 청포도를 이용하고 과즙만 발효시켜 여분의 색소나 탄닌이 들어가지 않아 떫은 맛이 없어 순하고 상큼하며, 엷은 황금색이나 투명한 색을 띠게 된다. 알코올 농도는 10~13%이고, 약 8℃로 차갑게 마셔야 제 맛이 난다.

로제 와인(Rose Wine)

레드와인처럼 포도껍질을 함께 넣어 발효시키다가 어느 정도 색이 우러나면 껍질을 제거한 채 과즙으로만 만든 와인이다. 오래 숙성시키지 않고 보존기간이 짧으며, 맛은 화이트 와인과 비슷하다.

스파클링 와인(Sparkling Wine)

약간의 단 맛이 나고 병을 딸 때 탄산가스로 인해 거품이 생성되어 상쾌한 맛을 낸다.

에스까르고(Escargot)

식용 달팽이를 데쳐서 마늘, 파슬리, 버터를 함께 껍질 속에 넣고 오븐에 구운 요리로, 차가운 백포도주와 먹는다.

푸아그라(Foie Gras)

'기름진(Gras) 간(Foie)' 이라는 뜻으로 살찐 거위나 오리간을 말한다. 지방함량이 많고 부드러워 입에 녹는 맛이 일품이다. 다른 부재료와 섞어 파테(Pate)나 테린(Tar-rine)으로 만들어 먹거나 그대로 구워 먹기도 한다.

트뤼플(Truffle)

식탁 위의 다이아몬드라 불리는 버섯으로 프랑스 남부, 이탈리아 이루 지역에서만 생산되고 고급요리에 쓰이는 식재료 중 하나이다. 떡갈나무 숲 땅속에서 자라며 주름지고 껍질이 두껍고 숲과 흙의 향이 베어있다. 보통 냄새에 익숙한 돼지나 개를 훈련시켜 찾아낸다. 백색 트뤼플을 최고로 친다.

부이야베스(Bouillabaisse)

남부 프랑스의 항구 도시 마르세유의 향토음식으로 생선탕의 일종이다. 양파, 마늘, 대파, 감자, 토마토 등을 올리브유로 볶다가 생선, 새우, 가재 등을 넣고 끓인 다음 스프와 생선을 따로 내놓아 먹는다.

음료(Drink)

레몬에이드

일반적으로 식사를 할 때는 달지 않은 음료를 마시는데, 어른들은 포도주를 마시고 아이들은 광천수나 달지 않은 탄산수 및 오렌지 주스, 탄산수 섞은 음료를 마신다. 여름에는 레몬에이드를 즐겨 마신다.

프랑스의 식사예절

· 프랑스의 식탁은 식사와 함께 사교의 장이기도 하다. 주최자는 식당 들어가기 전에 남녀 손님을 소개한다.

· 손님들이 모이면 입맛을 돋우는 식전 주 와인인 아뻬리티프(Aperitif)를 권한다.

· 나이프, 포크류는 바깥쪽부터 차례로 이용하며 식사하다가 잠시 쉴 때는 접시의 가장자리에 팔(八)자 모양으로 걸쳐둔다.

· 빵은 요리의 맛이 남아있는 혀를 깨끗이 하는 역할을 하고 먹을 땐 적당량을 손으로 뜯어 버터를 발라 먹는다.

· 뼈있는 생선요리의 경우엔 생선을 뒤집지 말고 나이프를 뼈와 고기 사이에 넣어 살코기를 먹고 한쪽 면을 다 먹으면 가운데 뼈를 발라내고 나머지 부분을 먹는다.

· 고기는 왼쪽부터 한 입씩 썰어서 먹는다.

· 치즈와 과일이 나올 때는 되도록 나이프와 포크를 사용하여 먹는다.

3. 아메리카

1) 멕시코

멕시코 요리의 3대 재료로는 옥수수, 콩, 다양한 종류의 고추를 들 수 있다. 멕시코 음식문화를 '옥수수문화'라고도 하는데, 기원전 7000년경부터 재배한 것으로 알려지고 있으며 신화에도 자주 등장할 정도로 멕시코 원주민의 가장 기본적인 식량이었다. 이 외에도 토마토, 라임 등도 많이 사용하며, 향신료로는 실란트로와 오레가노가 있다. 이러한 곡물과 채소중심이었던 멕시코 요리는 스페인이 멕시코를 정복함에 따라 쌀, 밀, 포도, 올리브, 양파, 당근, 닭, 인도의 향신료 등 새로운 식품이 들어오면서 조리법이 다양해졌다.

멕시코의 식생활은 지역에 따라 약간 차이가 있는데, 목축이 이루어지는 북부지역은 밀가루 토르티야를 사용하고 양고기나 쇠고기를 직접 불에 구워서 먹는 등 육식을 많이 하는 편이며, 중부지역에서는 닭고기, 돼지고기 등의 육류를 재료로 한 스튜와 함께 옥수수, 양념된 채소를 삶아서 먹는다. 특히 중앙 동부지역은 유명한 '몰레(mole)'의 원산지인데, 몰레는 삶은 닭고기나 칠면조 고기에 소스를 얹은 것이다.

멕시코의 음식문화의 특징

· 인디오 원주민, 스페인, 프랑스 등의 음식이 혼합된 퓨전음식이 발달하였다.
· 옥수수가 주식이며 옥수수를 이용한 요리가 많다.
· 고추, 파, 마늘 같은 매운 향신료를 많이 사용하는데, 특

히 고추를 이용한 요리가 많다.
· 선인장으로 만든 음료를 좋아한다.
· 천연의 풍부한 신선한 식재료를 최대한 활용하여 즉석에서 요리한다.

멕시코 일상식

멕시코인들의 하루 식사 중 가장 주된 식사는 점심이다. 오후 3시에 점심식사를 2시간 정도 하면서 낮잠을 즐긴 후 오후 5시부터 다시 업무를 시작한다. 이러한 시에스타(siesta) 풍습은 스페인의 영향을 받은 것인데, 원주민의 식사는 하루에 아침과 점심 두 번이었다고 한다.

아침식사로는 커피와 약간의 빵을 먹는다. 11시 정도에 브런치에 해당하는 알무에르소(almuerso)는 스크램블 에그, 살사, 치즈, 또띠아, 커피, 우유, 주스 정도이다. 점심식사 코미다(comida)는 주된 식사로 스프, 쌀 혹은 파스타, 살사, 사워크림, 콰카몰을 곁들인 또띠아, 샐러드, 콩요리 등이고 식사 후에는 커피까지 코스를 즐긴다. 저녁식사는 오후 8~9시 정도에 가볍게 브리토와 뜨거운 초콜릿정도로 먹는다.

멕시코 대표음식

또띠야(tortilla)

옥수수나 밀로 만들며 옥수수 또띠야는 옥수수 가루인 메사(mesa)를 물과 반죽하여 볼모양으로 만든 다음 또띠야 프레스에 눌러 모양을 만든다. 이것을 기름을 두르지 않은 뜨거운 팬에 살짝 굽는다. 밀 또띠야는 손으로 반죽하여 또띠야의 크기만큼 늘린 다음 중간정도의 온도에서 팬에 45초~1분 정도 굽는다. 구운 또띠야는 따뜻한 상태로 식탁에 올리는데 또띠야를 재료로 여러 가지 요리를 한다.

[표1-1] 또띠야를 이용한 여러 가지 조리법

조리방법	특징
부리토 (buritos)	밀 또띠야 속에 여러 가지 재료로 만든 속을 넣고 봉투처럼 접는다. 밀가루와 물을 묻혀 떨어지지 않게 밀봉한다.
엔칠라다 (enchilads)	밀이나 옥수수 또띠야를 이용하여 또띠야의 중간 아래 부분에 속을 넣고 돌돌 만다. 이것을 팬에 가지런히 담고 소스나 치즈를 얹어 오븐에서 굽는다.
파히타 (fajita)	닭고기, 쇠고기, 양파 볶은 것 등 여러 가지 재료와 따뜻한 또띠야를 사워크림, 과카몰과 함께 식탁에 낸다. 먹을 때 또띠야에 속재료를 넣고 사워크림과 과카몰을 얹어 먹는다.
퀘사딜라 (quesadil-las)	또띠야에 속재료를 반 정도 담고 살사와 치즈를 얹어 나머지 반을 덮고 오븐에서 살짝 익힌다. 상에 낼 때는 썰어서 낸다.
타코 (taco)	옥수수 또띠야로 만든 바삭바삭한 타코쉘은 반달모양으로 접혀져 있다. 접혀진 내부에 살사, 콩, 치즈를 넣는다.
토스타다스 (tostadas)	작은 크기의 또띠야를 바삭하도록 튀겨서 위에 고기, 콩, 살사, 과카몰, 사워크림, 치즈를 얹은 것이 핑거푸드이다.

[출처 : 세계 요리문화 산책]

살사(salsa)

살사는 스페인어로 소스를 의미하며 고추, 토마토, 양파, 고수잎 등을 잘게 썰어 소금 · 올리브유 · 레몬으로 양념한 것으로 멕시코 음식에 널리 이용된다.

과카몰

아보카도, 토마토, 양파, 풋고추를 함께 갈아 만든 초록색 소스인 과카몰(guaca-mole), 칠리, 토마토, 마늘, 땅콩, 초콜릿, 호두, 카카오 등을 갈아 푹 끓여 만든 '몰레소스(molesauce)', 우유의 유지방을 새콤하게 발효시킨 사워크림으로 만든 흰 크림소스인 사워크림소스(sour cream sauce) 등이 있다.

데낄라(tequila)

멕시코의 대표적인 술로 10년생 이상된 아가베(agave : 용설란)를 3년 이상 발효시켜 만든다. 알코올 도수가 40~60도의 독한 술로 소금, 라임 조각을 곁들여 마신다. 데낄라의 독특한 음주법으로는 레몬즙을 손등에 문지른 뒤 그 자리에 소금을 조금 뿌려 혀로 핥아먹는 음주법인 '꾸에르보 슈터'와 잔에 술을 반쯤 담은 다음 소다수로 나머지를 채워 냅킨으로 잔을 덮은 후 테이블에 내리쳐 거품이 생길 때 원샷으로 마시는 '꾸에르보 슬래머' 등이 있다.

2) 미국

미국 이민자들은 인디언들로부터 신대륙의 작물인 옥수수, 호박, 토마토, 칠면조, 땅콩, 블루베리 등의 식재료를 얻고, 구대륙의 레시피를 적용함으로써 새로운 미국요리를 만들어 냈다. 초기에는 클램차우더 수프, 옥수수 수프, 치킨 아라킹, 버지니아 스파이드 햄 등 많은 요리를 개발했고, 특히 베이킹 파우더 같은 빵 만드는 재료를 개발하여 전 세계 음식문화에 영향을 끼치기도 하였다.

미국식 식사는 대부분 육류위주의 식생활로 이루어져 있어 육류를 다량 섭취하고 빵, 감자, 옥수수 등을 조금씩 곁들여 먹게 된다. 바쁜 생활과 맞벌이를 해야 생활을 유지해야하기 때문에 미국인들은 식생활에 소비되는 비용, 시간과 노력을 절약하기 위한 방법으로 냉동식품, 반조리 식품을 많이 사용하고, 외식을 즐긴다. 이러한 생활방식은 수많은 종류의 패스트푸드를 발달시켰고, 이들 중 몇몇 업체는 현재 세계의 외식업계를 장악해 나가고 있기도 한다.

미국의 음식문화의 특징

· 육류 위주의 식생활이 발달하였다.
· 오븐을 사용하는 요리법이 발달하였다.
· 간편성을 강조하여 통조림과 같은 가공식품, 편의식품이 발달하였다.
· 샌드위치, 햄버거, 핫도그 등의 패스트푸드가 발달하였다.
· 실용성과 합리적인 사고방식으로 외식을 선호한다.
· 할로윈데이, 추수감사절, 크리스마스와 같은 기념일을 즐긴다.
· 바쁜 일상생활로 아침, 점심은 가볍게 저녁은 푸짐하게 먹는다.
· 인간관계 형성을 위한 파티문화가 발달하였다.

미국의 일상식

아침식사는 보통 빵 종류, 달걀, 햄이나 베이컨, 과일쥬스, 우유 또는 커피 등을 먹는다.

시간을 절약하기 위해서 시리얼을 우유에 타 먹거나 가공한 오트밀(Oatmeal)을 먹는다. 달걀은 프라이나 스크램블 에그로 조리하여 먹고 햄이나 소시지, 베이컨을 먹는다.

점심식사는 주로 햄버거나 핫도그, 샌드위치, 피자 등이 일반적이다.

저녁식사가 정찬일 경우에는 스프, 생선요리, 육류요리, 샐러드, 빵, 후식, 차 등의 코스로 갖추어 먹기도 한다. 요즘은 파스타나 중국, 일본, 태국 등의 일품요리들도 많이 먹는다.

미국의 대표음식

스테이크(steak)

쇠고기를 두껍게 썰어 석쇠나 오븐, 프라이팬 등에 구워 먹는 미국의 대표적인 음식이다. 쇠고기 부위의 굽는 정도에 따라 종류가 다양하다. 스테이크를 굽는 정도에 따라 겉만 누렇게 익혀 썰었을 때 피가 흐르게 익힌 정도의 레어(rare), 겉은 익었으나 속에 약간 붉은색이 남아 있는 정도의 미디엄(medium), 그리고 속까지 잘 익힌 것을 웰던(welldone)으로 구분한다.

바비큐(barbecue)

고기, 어패류, 채소 등의 각종 재료를 꼬챙이에 꿰거나 석쇠에 놓고 천천히 구워서 원하는 소스로 발라 먹으며 주로 야외에서 해 먹는 음식이다.

베이글(bagel)

미국 동부지방으로 이민을 간 유태인들에 의해서 알려졌고, 도너츠 모양으로 보통 빵보다 당분, 지방의 사용이 적어 소화가 잘 되고, 맛이 담백하여 육류나 치즈, 잼, 샐러드 훈제연어 등 어떤 재료와도 잘 어울리는 식품으로 대도시 직장인의 아침식사나 젊은 여성층의 다이어트 식품으로 각광받고 있다.

햄버거(hamburger)

갈은 고기와 볶은 양파 등을 넣은 패티(Pattie)를 만들어 빵 사이에 넣고 채소, 치즈, 토마토, 소스 등을 넣어 먹는 간편한 요리로 패스트 푸드의 대명사로 불리기도 하며 전 세계적으로 인기를 끌었다.

핫도그(hot dog)

기다란 핫도그 롤빵 사이에 부드러운 소시지를 넣고 다진 양파, 피클, 머스터드소스 등을 곁들여 먹는 요리로 어디서나 간단히 먹을 수 있다.

미국의 팁문화

미국은 고객 서비스의 개념이 가장 발달한 나라 중 하나로 각 레스토랑에서는 수준에 따른 적절한 서비스를 제공받게 되고 팁이라는 대가를 지불한다. 호텔, 고급식당은 물론이고, 일반 카페테리아까지 모두 팁을 지불하게 되어 있고, 이러한 관습이 정착되어 팁을 지불하지 않을 경우 그 문화를 모르는 사람으로 취급받을 수도 있다. 팁문화로 고객들은 더 나은 서비스를 받을 수 있다.

레스토랑에서의 식사예절

· 중류 이상의 레스토랑에서는 예약이 중요하다.

· 예약은 빠를수록 좋고 남성은 바지와 구두를 갖추고, 핸드백은 테이블 위에 놓지 않는다.

· 식사 중에는 큰소리를 내지 않으며 후식이 나올 때까지 기다린다.

· 식사 후에는 테이블 위에 계산서 합계액의 15% 정도의 팁을 놓는다.

· 서비스 요금이 포함된 경우는 따로 팁을 놓지 않아도 되며 카드로 계산할 때 팁란에 금액을 적는다. 팁은 지폐를 사용하며 동전을 주는 것은 실례가 된다.

[표 1-2] 알아두면 도움이 되는 레스토랑 용어

	프랑스어	이탈리아어	스페인어	영어
아침	프티 데죄네 petit dé- jeuner	프리마 콜라초네 prima colazi- one	데사유노 desayuno	브랙퍼스트 breakfast
점심	데죄네 déjeuner	세콘다 콜라초네 seconda colazione 프란초 pranzo	코미다 comida	런치 lunch
저녁	디네/수페 dîner/souper	체나 cena	세나 cena 메리엔다 merienda	디너 dinner 서퍼 supper
메뉴	카르트 carte	리스타 lista	리스타/메누 lista/menù	메뉴 menu
코스 요리	므뉘 menu	메누 아 프레 초 피소 menu a prezzo fisso	메누 델 디아 menu del dia	세트 메뉴 set menu
특별 요리	플라 스페살리테 plat spé- cialité	피아토 스페 찰리타 piatto spe- cialita	메누 에스페샬 menù espe- cial	스페셜 메뉴 special menu 스페셜리티 speciality

식전주	아페리티프 apéritif	아페리티보 aperitivo	아페리티보 aperitivo	아페리티프 aperitif
오르 되브르	오르 되브르 hors d'oeu-vre	안티파스토 antipasto	엔트레메스 entremés	오르 되브르 hors d'oeuvre 애피타이저 appertizer
샐러드	살라드 salad	인살라타 insalata	엔살라다 ensalada	샐러드 salad
와인 적 백	뱅 vin 루주 rouge 블랑 blanc	비노 vino 로소 rosso 비앙코 bian-co	비노 vino 틴토 tinto 블랑코 blan-co	와인 wine 레드 red 화이트 white
디저트	데세르 dessert	돌체 dolce	포스트레 postre	디저트 dessert
계산서	라디시옹 l'addition	콩토 conto	쿠엔타 cuenta	빌 bill
맥주	비에르 biére	비라 birra	세르베차 cerveza	비어 beer
물	오 eau	아콰 acqua	아과 agua	워터 water
수프	포타주 potage	추파 zuppa	소파 sopa	수프 soup

계란	외프 æuf	우오보 uovo	웨보 huevo	에그 egg
고기	비앙드 viande	카르네 carne	카르네 carne	미트 meat
생선	푸아송 poisson	페셰 pesce	페스카도 pescado	피시 fish
야채	레굄 légume	베르두라 verdura	베르두라 verdura	베지터블 vegetable
치즈	프로마주 fromage	포르마조 formaggio	케소 queso	치즈 cheese
케이크	가토 gâteau	돌체/토르타 dolce/torta	파스텔 pastel	케이크 cake
과일	프뤼 fruit	프루타 frutta	프루타 fruta	프루트 fruit
홍차	테 누아르 thé nor	테 알링글레제 té allinglese	테 té	티 tea
우유	레 lait	라테 latte	레체 leche	밀크 milk
빵	펭 pain	파네 pane	팡 pan	브레드 bread
버터	뵈르 beurre	부로 burro	만테퀴야 mantequilla	버터 butter
소스	소스 sauce	살사 salsa	살사 salsa	소스 sauce

후추	푸아브르 poivre	페페 pepe	피미엔타 pimienta	페퍼 pepper
설탕	쉬크르 sucre	추케로 zucchero	아수카로 azúcar	슈거 sugar
식초	비네르 vinaigre	아체토 aceto	비나그르 vinagre	비네거 vinegar
달다	쉬크레 sucré	돌체 dolce	둘세 dulce	스위트 sweet
짜다	살레/살레 salé/salée	살라토 salato	살라도 salado	솔티 salty
맛있다	봉/본 bon/bonne	부오노 buono	델리시오소 delicioso	굿 good
맛없다	모배/모배즈 mauvais/ mauvaise	카티보 cattivo	노 부에노 no bueno	푸어 poor
굽다	퀴/퀴트 cuit/cuite	아로스토 arrosto	바르바코아 barbacoa	베이크드 baked
삶다	부이이/부이 bouilli/bouillie	볼리토 bollito	에르비도 hervido	보일드 boiled
찌다	아 라 바푀르 a la vapeur	인 우미도 in umido	알 바포르 al vapor	스팀드 steamed
튀기다	프리/프리트 frit/frite	프리토 frito	프리토 frito	프라이드 fried

[출처:맛있게 읽자 세계의 메뉴판, 한정혜, 김영사, 2002]

Chapter 2

요리의 기초

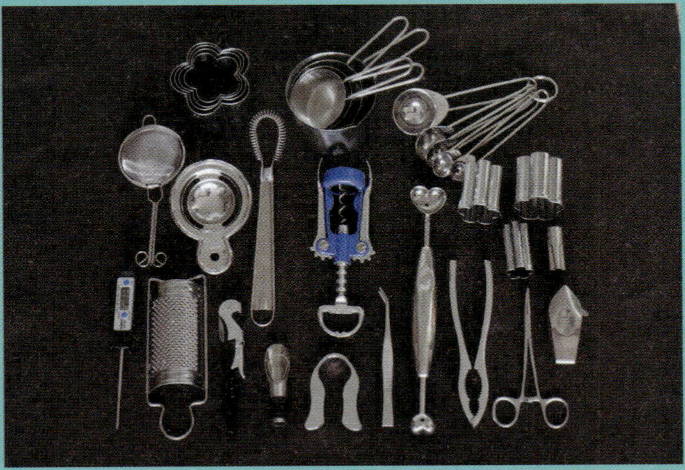

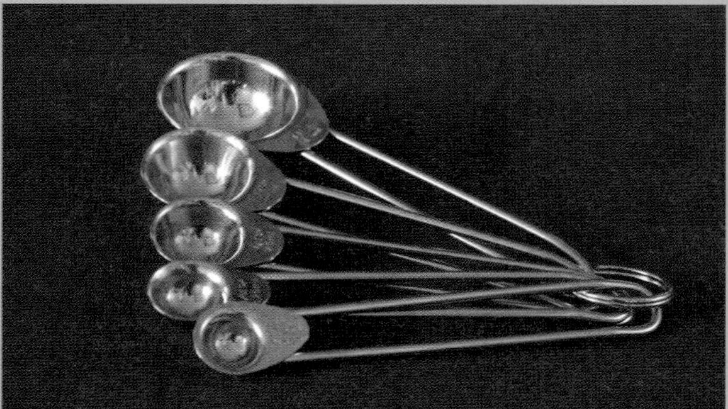

1. 계량

과학적인 조리를 하기 위하여 식품을 계량할 때는 무게를 재거나 부피를 측정한다. 부피는 계량컵이나 계량스푼을 사용하고, 무게는 저울을 사용한다.

1) 계량단위

무게와 부피를 측정하는 단위는 각 나라마다 다르다. 우리나라에서는 주로 '미터법'을 사용하고 있는데, 미터법에서 부피는 '리터(ℓ)'로, 무게는 '그램(g)'으로 나타낸다. 그리고 표준 쿼트(standard quart)법에서는 '쿼트(quart)', '온스(ounce)' 등으로 나타낸다.

· 중량을 측정하는 기구는 천칭, 상평저울, 전자저울 등이 있으며, 재료의 양을 측정할 때에는 중량을 측정하는 것이 더 정확하다. 단위는 그램(g), 파운드(lb), 온스(oz)를 사용한다.

1파운드(lb) = 453.6g = 16온스(oz)
1온스(oz) = 28.25g

· 용량을 측정하는 기구는 계량컵, 계량스픈, 메스실린더, 비커 등이 있으며, 재료의 부피를 측정할 때 사용하며 리터(ℓ), 갤런(G), 컵(C), 파인트(pt), 쿼터(qt)를 사용한다.

$1\text{컵}(C) = 240m\ell = 8oz = \frac{1}{2}pt = \frac{1}{4}qt = 1/16gal$

$1\text{갤런}(gal) = 16C = 3.8\ell = 4qt = 8pt$

[표 2-1] 표준 계량기의 용량 및 계량 단위

표준 계량기의 용량 및 계량 단위
1컵(1cup) : 200cc = 200ml = 200g = 약 13큰술
1큰술(table spoon) : 15cc = 15ml = 15g = 3작은술
1작은술(tea spoon) : 5cc = 5ml = 5g
1되 : 1.8ℓ = 1.8kg
1관(貫) : 3.75kg
1근(斤) : 600(육류, 어패류 등) = 400g(채소류)

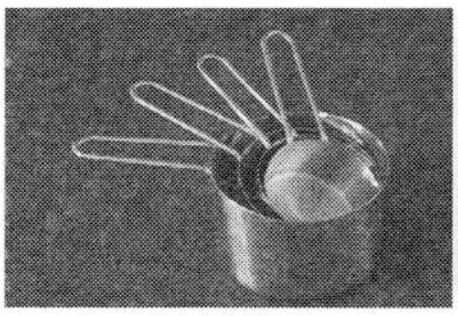
계량컵

칼

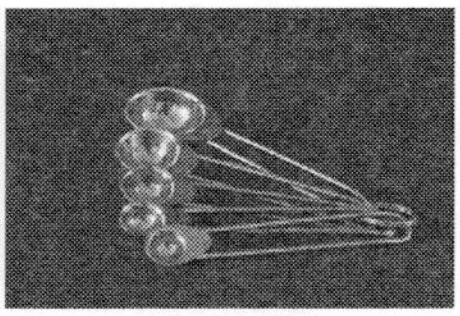
계량스픈

조리기구1

조리기구2

2) 계량도구

(1) 부피

간장, 식초, 기름 등 액체의 부피를 잴 때 계량컵, 계량스픈 등을 이용한다. 계량컵은 200㎖가 총량이며 계량컵의 사용법은 액체가 흔들리지 않도록 반드시 평편한 장소에서 재도록 하며, 시선을 눈금과 수평이 되게 해서 분량의 눈금을 읽는다.

계량스픈은 1큰술, 1작은술, 1/2작은술, 1/4작은술이 한 세트로 구성되어 있다.

1큰술은 15㎖이며, 1작은술은 5㎖이다. 1큰술은 작은술 세 개와 같다. 스푼 가장자리에 찰랑찰랑 넘치지 않을 정도까지 담아서 측정해야 정확하다.

(2) 무게

고기, 생선, 채소 등과 같은 고체나 가루제품의 무게를 잴 때는 저울을 사용한다. 재료의 양이 적을 때는 계량스픈을 이용하는데, 계량할 때는 평평한 곳에 저울을 놓고 바늘이 '0'에 있는지를 확인하고 사용한다.

(3) 온도

튀김, 오븐조리, 머랭 제조, 제빵 발효 등의 조리 시 식품의 내부온도를 측정하거나 용매의 온도를 측정할 때 이용된다. 액체의 온도를 잴 때는 온도계의 끝이 냄비의 바닥에 닿지 않도록 한다. 용도에 따라서 다양한 종류가 있다.

[표 2-2] 알면 편리한 포장단위

표기	뜻	예문	뜻
Each	개	1 egg	달걀 1개
Pack	봉지	1 Ramen	라면 한 봉지
Packet	(한약 같은) 봉지	1 Packet	(한약)한 봉투
Bottle	병	a bottle of wine	와인 한 병
Jar	병	a jar of jam	잼 1병
Can	캔	a can of tuna	참치캔 1개

Carton	(우유 등 카톤 팩에 든 것) 통	1 carton of milk	우유 1팩
Box	박스	1 box of apple	사과 1박스
Bag	자루	a bag of onion	양파 1자루
Dozen	12개짜리 포장	a dozen of egg	12개 들이
Sheet	장	2 sheet of gelatin	판 젤라틴 2장
Loaf	덩어리	a loaf of bread	식빵 1개

[출처 : 패턴으로 익히는 조리영어, 이수부, 김태현, 김태형, 교문사, 2014]

2. 조리에서의 물

1) 물의 역할

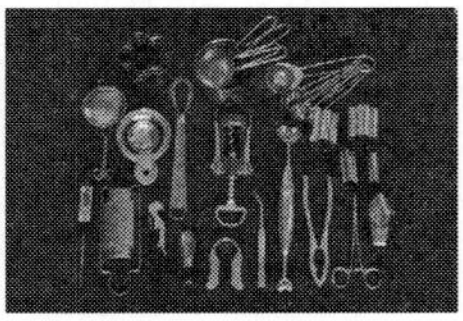
조리도구

물은 재료를 씻거나 가열 시 식품을 구성하고 있는 성분의 물리적 · 화학적 변화를 일으켜 음식의 맛에 영향을 주는 요소이다. 이러한 물의 역할로는 육수, 국, 찌개, 전골의 국물로, 식품에 맛을 배게 하는 조미료의 운반체 역할, 건조된 식품을 원래의 상태로 복원시키는 역할, 식품성분의 침출, 열을 골고루 전달하는 역할을 한다.

2) 물의 성질

(1) 물의 끓는 온도와 어는 온도

물은 일정한 압력에서 어떤 일정 온도에 다다르면 증발 외에 물의 내부에서 기화(氣化)가 시작된다. 이와 같이 물의 내부에서 시작되는 기화현상을 비등(沸騰)이라고 하며 비등이 시작되는 온도를 비점(沸點)이라고 한다. 빙점(氷點)은 얼음이 녹고 물이 어는 온도를 말한다.

순수한 물은 1기압일 때 100℃에서 끓고 0℃에서 얼게 된다. 그러나 물 속에 다른 물질이 녹아 있을 때에는 그 농도가 높아질수록 비점이 올라가고 빙점은 내려간다. 즉, 순수한 물보다도 소금물이나 설탕물의 비점은 높아진다.

(2) 농도에 의한 삼투압

용매는 자유롭게 투과시키고 용질은 투과시키지 않는 성질의 막을 '반투과성 막' 이라고 한다. 이러한 반투과성 막을 통하여 용매가 확산하는 현상을 '삼투'라고 한다. 이때 삼투현상에 의해 나타나는 압력을 '삼투압'이라고 한다. 즉 반투과성 막을 사이에 두고 농도가 서로 다른 용액을 넣어두었을 때 묽은 용액의 용매가 진한 농도의 용액 쪽으로 이동하는 것으로 무나 오이에 소금을 뿌려두면 물이 생기는데, 이것은 삼투압에 의해 탈수가 일어나기 때문이다.

(3) 맛있는 물

맛있는 물은 온도가 12~65℃ 사이로 미량의 탄산가스와 적당량의 무기질을 함유하며, 약간의 탄산염을 함유하여 산성을 띈다. 오래된 물의 맛이 나쁜 것은 탄산가스가 날아가고 pH가 높아졌기 때문이다.

(4) 팽윤과 용출

쌀, 콩과 같은 곡물이나 마른 표고버섯, 미역, 다시마 등과 같이 건조식품은 물에 넣으면 몇 배로 불게 되는데, 이 현상을 '팽윤'이라고 한다. 재료 중의 성분이 용매 속에 녹아 나오는 현상을 '용출'이라고 하며, 용출되어 나오는 물질의 농도가 낮을수록 용출이 빠르므로 쓴맛이나 떫은맛을 빼낼 경우에는 물을 자주 갈아주는 것이 좋다.

(5) 자유수와 삼투압

거의 모든 식품은 수분을 함유하고 있다. 식품에 함유된 수분은 그 형태에 따라 크게 두 가지가 있다. 단백질이나 탄수화물과 같은 식품성분과 직접 강하게 결합되어 있는 결합수와 식품 속 빈 틈에 존재하며 온도와 습도 등의 변화로 간단히 이동하거나 증발 할 수 있는 자유수가 있다.

미생물이 증식하려면 당연히 물이 필요한데, 이때 미생물이 이용하는 것은 자유수이다. 빵과 같이 얼핏보면 건조한 상태의 식품이라도 함유된 전체의 수분 중 자유수의 비율이 높으면 곰팡이 등의 미생물은 증식한다. 거꾸로 오징어젓 같이 수분함량이 높아도 자유수의 비율이 낮으면 미생물은 증식하기 어려워 보존성이 높아진다.

미생물의 번식을 방지하는 방법으로 자유수의 비율을 줄인다

건조시키는 방법으로 수분을 증발시킴으로써 전체 수분의 함량을 낮추는 것이다.

또 다른 방법은 소금이나 설탕에 절인다. 소금이나 설탕에 절이면 식품주위의 염분이나 당분의 농도가 식품 내부보다

높아진다. 그 결과 삼투작용으로 자유수가 식품 밖으로 빠져 나와 건조상태에 가까워진다. 또 염분이나 당분농도가 높아짐에 따라 미생물의 체내에 함유되어 있는 수분도 삼투작용으로 바깥으로 빠져 나가기 때문에 미생물 자체의 발육도 어려워진다. 소금과 설탕에 절인 식품이 서로 맛은 완전히 다르지만 식품의 보존이라는 면에서는 같은 원리를 이용한다는 것을 알 수 있다.

그러나 현재는 웰빙 붐이 일어 저염 및 저당식품이 유행하고 있다. 이러한 저염 및 저당식품은 상대적으로 보존성이 떨어지므로 냉장고에 보관하고 빨리 먹는 것이 좋다.

3. 조리에서의 열

1) 대 류

액체나 기체를 가열하면 가열된 부분의 부피가 커지고 밀도가 낮아져 더운 물질은 위로 올라가고 찬 물질은 무거워져서 아래로 내려오게 된다. 이와 같이 가열된 물질이 상하로 이동하면서 열이 전해지는 것을 대류(convection)라고 한다.

2) 복 사

열원으로부터 중간매체 없이 열이 직접 전달되는 현상을 복사(radiation)라고 한다. 따라서 전기, 가스레인지, 오븐, 숯불, 연탄불 등으로 직접 굽는 복사에 의한 에너지 전달은 열원으로부터 식품에 직접 전달되므로 속도가 빠르다.

오븐은 열전달량의 대부분이 복사에 의한 것이며, 파이렉스(pyrex)는 복사 에너지의 좋은 전도체이다.

3) 전 도

열이 물체를 따라 이동하는 상태로 높은 온도에서 낮은 온도로 이동하는 것을 전도(conduction)라고 하며, 열이 전해지는 속도를 '열전도율'이라고 한다.

열전도율이 크면 클수록 열을 전달하는 속도가 빠르고 빨리 온도가 올라가지만, 식는 속도도 빠르다.

4) 열효율

연료가 가지는 열량과 직접 가열에 쓰이는 열량의 비를 '열효율'이라고 하는데, 연료를 사용하여 0℃ 물을 100℃로 올리는 데 연료의 열이 100% 이용된다면 그 열효율은 100이라고 한다. 그러나 실제로 연료가 탈 때 내는 열량은 그 속에 함유되어 있는 열량의 100%가 아니므로 열효율은 연료의 종류에 따라 다르고, 가열하기 위한 기구나 태우는 방법 등에 따라 큰 차이가 있다.

4. 조리법

식품을 사용하여 먹을 수 있는 상태로 음식을 만드는 조리법에는 기본 조리조작법인 다듬기, 씻기, 담그기, 썰기, 섞기, 냉각, 냉동, 해동 등이 있다. 재료를 가열하지 않고 생 것 그대로 이용하는 생조리법과 열을 가하는 가열조리법이 있다.

다듬기는 식품재료를 조리할 수 있도록 전처리하는 과정으로 먹을 수 없는 부분이 제거된다. 폐기율은 식품 전체의 무게에 대하여 폐기되는 식품의 무게를 백분율로 나타낸 것으로 채소류는 6~10%, 생선류는 30~50%, 육류는 30% 정도이다. 조개류, 생선류, 뼈를 포함한 육류 등은 폐기율이 높고 곡류, 채소류 등은 폐기율이 낮다.

식품의 조리법에는 재료를 생 것 그대로 이용하는 생조리법과 열을 이용한 가열조리법이 있다. 가열조리법에는 습열조리법, 건열조리법, 복합조리, 초단파조리 등이 있다.

1) 생조리법

식품 고유의 독특한 색과 맛, 향, 질감을 살려 신선한 상태로 조리하는 방법이다. 주로 이용되는 음식으로는 채소나 과일의 신선한 맛을 그대로 살린 생채, 냉채, 샐러드 등이 있고 어패류회와 육회 등이 있다. 가열하지 않은 생 조리는 영양성분, 특히 수용성 성분의 손실이 적고 식품 고유의 맛을 그대로 살릴 수 있으며 조리방법이 간단한 장점이 있다. 반면에 위생적으로 처리하지 않으면 농약이나 병원균 등의 오염으로 안전성에 문제가 생길 수 있으므로 깨끗이 세척하고 최대한 빠른 시간 내에 조리하여야 한다.

2) 가열조리법

식품의 대부분은 가열에 의하여 조리되는데, 물을 열전달매체로 이용하는 습열조리법(moist heat method)과 공기나 기름을 이용하는 건열조리법(dry heat method), 습열과 건열의 조리방법이 모두 사용되는 복합조리, 식품 내부에서 발생하는 열을 이용하여 조리하는 초단파조리로 나눌 수 있다.

가열조리법은 소화율을 높이고 식품의 안전성이 증가되며 질감을 연화시키고 풍미가 증가되며 불미성분이 제거되는 등 장점이 있으나, 지나치게 가열되면 향미와 질감이 떨어지고 영양성분이 파괴되기도 한다. 그러므로 식품의 종류에 따라 가열조리시간을 적절하게 해야 한다.

(1) 습열조리법

식품을 가열할 때 식품 자체가 가지고 있는 수분 외에도 열 전달매체로 물을 이용하는 조리법으로 끓이기(boiling), 데치기(blanching), 삶기, 시머링(simmering), 물에 담기 익히기(poaching), 찌기(steming), 조리기 등이 있다.

① 조림

조린다는 것은 '간을 맞춘 국물 속에 식품을 넣어 가열한다'는 뜻이다. 조림의 방식은 불 등의 열원에서 열이 냄비에 전해지고 냄비 속 국물은 가열되어 대류현상을 일으킨다. 또한 냄비 속 온도는 점차 올라가 끓으면 100℃ 부근에서 안정된다. 그 때문에 구이와 다르게 조리중인 식품이 타는 일은 거의 없다. 뜨거워진 국물은 안에 들어있는 식품에 열을 전하는데, 이때 물의 침투력에 의해 식품이 부드러워지고 국물에 함유된 양념과 우려낸 재료들의 성분이 배어들어 맛과 향이 난다. 이것이 조림의 특징이다.

국물의 맛은 조림이 천천히 식어갈 때에 잘 스며든다. 단시간에 맛을 배게 하려면 잠깐 불을 끄고 식혔다가 다시 한번 가열하면 된다.

② 연하게 한다

스튜나 장조림의 고기가 연한 것은 오랜 시간 푹 끓이고 삶아 고기에 함유된 콜라겐이라는 질긴 물질이 부드러운 젤라틴으로 변하기 때문이다. 또 토란은 푹 삶게 되면 세포막이나 세포사이에서 접착제 역할을 하는 펙틴이 녹아 세포 사이의 결합이 약해져 부드러워진다.

(2) 건열조리법

열 전달매체로 물이 아닌 기름을 사용하거나 조리기구가 열원에 의하여 고온으로 되었을 때 생기는 복사열에 의한 조리법으로 굽기, 볶기, 지지기, 튀기기 등이 있다.

(3) 복합조리

브레이징(braising)은 고기나 채소를 볶은 후 소량의 물을 붓고 뚜껑을 덮어 푹 끓이는 방법으로 건열조리와 습열조리가 함께 되는 복합조리법이다.

(4) 초단파조리

초단파조리(microwave cooking)는 외부로부터 열이 전달되는 것이 아니라 식품 자체에 있는 물 분자가 급속히 진동하여 열이 발생되는 원리를 이용한 조리법으로 '유전가열조리법'이라고도 한다. 극초단파를 이용한 조리기구로는 전자레인지 등이 있으며 식품의 내부와 외부에서 동시에 가열되므로 가열시간이 매우 짧아서 영양소의 손실이 극히 적다.

초단파조리는 많은 음식을 단시간에 고르게 익히는 장점이 있으나, 가열에 의하여 수분 증발이 심하므로 뚜껑을 사용하는 것이 좋고 재료가 여러 가지인 음식일 경우는 가열시간이 다르므로 재료의 성질에 따라 사용하는 것이 좋다. 초단파는 수분은 흡수하고 종이, 유리, 자기, 플라스틱 등은 투과하나, 금속이온은 반사하므로 금속류의 그릇은 초단파 조리기구로 사용할 수 없다.

① 전자레인지

전자레인지는 일반적인 열 대신 마이크로파의 진동을 이용해 음식물을 가열한다. 덕분에 조리시간이 짧다. 또 삶는 요리나 찜 요리의 경우에는 냄비를 쓰지 않고도 손쉽게 조리할 수 있으며 수용성비타민이 손실되지 않는다는 장점도 있다.

마이크로파는 우리 눈에 보이지 않으며 대부분의 물질을 그냥 통과한다. 그러나 자신의 진동수에 의해 공명을 일으키는 물질을 만나면 그 물질에 흡수되면서 분자를 진동시킨다. 대표적인 물질이 바로 물이며 그 다음은 지방, 탄수화물, 단백질의 순이다. 따라서 수분과 지방을 많이 포함한 부분이 먼저 뜨거워져 그 열이 다른 부분으로 전도되는 것이라 할 수 있다.

② 마이크로파와 그릇

마이크로파는 종이, 유리, 세라믹 등으로 만들어진 그릇과 전자레인지용 플라스틱 그릇은 그냥 통과하기 때문에 음식물의 열이 그릇에 전도될 뿐 그릇 자체가 가열되지는 않는다. 그러나 금속 그릇의 경우는 마이크로파를 반사한다. 이때 그릇 표면의 전자가 방출되면서 스파크가 일어나며, 심할 경우 마이크로파 생성장치에 과부하가 흘러 화재가 발생하기도 한다. 같은 이유로 알루미늄 호일에 싼 음식 역시 조리할 수 없다.

Chapter 3

요리 입문

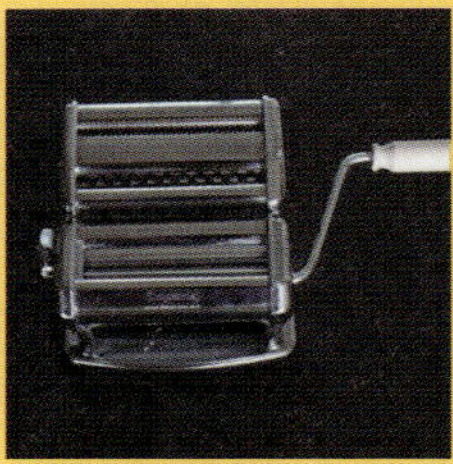

후레쉬
밀크
Fresh Milk
fresh cream
생크림

1. 조미료

조미료는 식품에 단맛, 짠맛, 신맛, 감칠맛, 매운맛을 더하거나 원래의 맛을 두드러지게 하고, 식품의 맛과 어울려 새로운 맛을 내게 하는 것으로 조미를 할 때는 설탕, 소금, 식초, 간장, 된장 등 분자량이 큰 것을 먼저 넣어야 조미료의 침투가 잘 된다.

1) 짠맛을 내는 조미료

(1) 소금

소금은 짠맛을 내는 대표적인 조미료로 소금의 종류로는

소금

- 천일염(호염) : 바닷물을 햇볕에 건조시켜 소금 결정체로 얻은 것으로 김장배추절임, 오이지 등 채소절임, 생선절임 등에 사용함
- 꽃소금(재제염) : 천일염을 다시 물에 녹여 재결정시킨 것으로 가정에서 채소소금절임, 장 담그기, 간맞추기 등에 사용함
- 정제염 : 재제염을 재결정하여 염화나트륨의 순도를 99% 이상으로 높인 것으로 음식의 맛을 내는데 사용함
- 식탁소금: · 정제염에 방습제인 콜로이드성 탄산칼슘 0.6%, 염화마그네슘 0.4%를 첨가한 것으로 식탁에서 완성된 요리에 뿌림
- 맛소금 : 정제염에 MSG를 첨가한 것으로 김구이, 각종 요리에 사용함

① 짠맛의 기준

짠맛을 느끼는 것은 그때의 건강상태나 심리상태, 각자의 식생활의 차이에 따라 달라진다. 또는 달고 짠 것을 먹은 후나 단 것을 먹은 후에도 그 느낌은 사람마다 다르다.

소금이나 간장으로 맛을 내는 경우, 2인분으로 맛있다고 느끼는 양을 6인분이라고 해서 조미료를 3배로 하면 너무 짠 것이다. 그럴 경우 객관적인 짠맛의 기준을 알아두면 요리에 도움이 된다. 일반적으로 맑은 장국류는 염도를 0.9% 이하로, 조림이나 생선, 고기의 간으로는 1~2%로 한다. 또한 간장 1큰술은 소금 2/3작은술의 염도와 유사하다고 할 수있다.

② 소금의 용도

굵은소금이 절임용으로 적합한 이유는 무엇일까?

절임용으로 소금을 사용하는 것은 세포사이에 작용하는 침투압을 조절해서 향기나 맛을 재료에 충분히 배어들게 하기 위해서다.

그러나 소금에 절인 채소는 시간이 지나면 수분이 나와 숨이 죽어버려 장시간 절이면 채소의 싱싱함이나 식감을 잃게 된다. 이것은 특히 염화나트륨의 순도가 높은 소금이 더 그러하므로 굵은 소금이나 천연소금이 좋다고 한다.

더욱이 굵은 소금이나 천연소금 등에 함유된 고염 성분, 마그네슘 및 칼슘이 많은 식염을 사용하면 채소 세포막의 펙틴이 이 성분들과 결합하여 세포 사이의 결합력을 높인다. 다시 말해 그 결합력을 이용한 채소가 단단해져 식감을 잃지 않는 것이다.

따라서 절임요리 특유의 식감을 유지하기 위해서는 고염 성분을 함유한 굵은 소금이나 천연소금이 좋은 것이다.

· 소금구이를 할 때 생선의 지느러미가 쉽게 타버리곤 한다. 소금을 듬뿍 뿌려 놓으면 지느러미가 까맣게 타는 것을 막을 수 있다. 이를 '화장염'이라 한다.

· 생선의 몸통 표면에는 접착성이 있는 미끈미끈한 점액이 있다. 특히 비늘이 없는 생선에는 이 점액이 많다. 점액에는 세균이나 악취의 원인이 되는 트리메틸아민과 먼지 등이 달라붙기 쉬워 요리에 따라서는 미리 점액을 제거해 두는 경우도 있다. 이 점액은 소금물에는 잘 녹기 때문에 소금물로 씻는 것이 효과적이다. 비늘이 없는 생선의 경우에는 소금을 듬뿍 뿌린 후 소금과 함께 씻으면 된다.

· 많은 양의 생선에 골고루 소금을 뿌리고 싶을 때는 진한 소금물에 몇 분동안 절인 뒤에 소금을 친다. 3~5%정도의 농도가 적당하다.

· 고기나 생선을 구울 때 소금을 뿌리면 단백질의 응고가 빨라져 표면이 빨리 굳어지기 때문에 철판이나 석쇠에 잘 눌어붙지 않는다. 이 때 철판이나 석쇠도 미리 달구어 놓는다.

· 생선은 전체가 하나의 반투막으로 둘러싸여 있는 것이 아니라 반투막으로 둘러 싸인 수많은 세포의 덩어리이다. 소금을 뿌리면 표면부근의 세포가 우선 수분을 빼앗긴다. 이때를 이용해 구우면 내부의 세포는 수분과 감칠맛을 듬뿍 함유한 부드러운 상태로 구워진다.

소금의 양과 뿌리는 시간은 생선의 종류와 조리법에 따라 다르지만, 일반적으로 생선 소금구이를 할 경우 굽기 1시간 전쯤 약 30㎝의 높이에서 소금을 톡톡 뿌려주는 것이 좋다. 그러나 소금을 늦게 뿌리거나 혹은 소금 치는 것을 깜빡 잊으면 내부의 수분이 끓어올라 표면의 세포가 터져 감칠맛이 달아날 뿐 아니라 수분이 증발할 때 대량의 열을 빼앗기기 때문에 속까지 열이 전해지지 않는다.

· 오이는 껍질이 단단해서 맛이 잘 배지 않는 채소이다. 소금을 뿌려 도마 위에서 굴리면 자잘한 상처가 생겨 맛이 잘 배어들게 된다.
· 잎채소를 데칠 때 소금을 약간 넣어주면 엽록소의 일부가 나트륨과 결합되어 색이 쉽게 변하지 않아 선명해진다.
· 감자나 사과 등을 자르면 자른 부분에 갈색이 된다. 이런 채소나 과일을 아주 낮은 농도의 소금물에 살짝 담그면 변색을 늦출 수 있다. 식초를 조금 넣어도 효과적이다.

소금은 얼음을 녹이는 작용을 한다. 얼음을 녹일 때 필요한 융해열을 주변으로부터 가져오므로 온도가 0℃보다 더 내려가는 것이다.

이 방법으로 계속 차갑게 할 때는 녹은 얼음을 가끔 빼주고, 또는 소금을 얼음에 뿌릴 필요가 있다. 반대로 끓인 물 안에 소금을 넣으면 물의 비등점을 100℃보다 높게 하는 작용도 가지고 있다.

이것을 이용한 조리법으로 콜리플라워나 감자 등을 부드럽게 데칠 때, 뜨거운 물에 소금을 첨가하는 것이 있다. 이렇게 하면 보다 높은 온도에서 데칠 수가 있어 재료의 세포막을 약하게 해 부드럽게 데쳐진다.

식재료를 데칠 때 소금의 양은 얼마나 넣어야 할까?

재료에 따라 차이가 있지만 대략 데치는 물 양의 1~2%의 소금이 적당하다.

(1ℓ = 1000cc면 10~20g)

요리를 하기 전에 '미리 데치는' 일이 많다. 미리 데치는 것의 목적은 쓴맛이나 냄새를 제거할 때나 부드럽게 할 때, 수분을 줄일 때, 색을 좋게 할 때, 단백질을 응고시킬 때, 소독할 때 등 각각 재료에 따라 다르다.

또한 재료와 목적에 따라 물만으로 데치는 것과 소금을 넣고 데치는 것, 식초를 넣고 데치는 것 등이 있다.

시금치를 데칠 때 소금을 넣으면 선명한 녹색이 유지된다. 이처럼 푸른 채소를 데칠 때 소금을 넣는 것은 변색을 방지하기 위해서이며 소금의 양은 1.5%를 넘지 않도록 한다.

③ 절임류

하룻밤 절임이나 바로 먹는 절임의 경우 식염농도를 3~5% 기준으로 한다. 이것은 부패균의 번식은 저지되면서 유산균 등은 번식하기 쉬워지는 농도이다. 단기간의 보관용 절임은 식염농도를 5~8%로 한다.

절임요리에 따라 나오는 절임용 돌, 즉 누름돌에도 발효를 조절하는 작용이 있다. 무게로 압박하는 것에 의해 빨리 절여지고 채소의 수분 제거가 빨라져서 미생물 발육을 억제한다. 혹은 눌려 나온 절임국물이 재료를 감싸는 것으로 절임이 공기와 접촉하는 것을 방지해 변색을 방지하는 역할도 한다. 그러므로 절임용 돌 선택이 중요하다. 누름돌이 너무 무거우면 압력이 강해 절임국물의 침투가 나빠지고 발효나 숙성을 늦어져 절임의 식감이 나빠진다. 절임용 돌의 무게 기준은 보통 재료 중량의 1~2배 정도이다.

(2) 간장

간장은 우리나라 음식에 간을 맞추는 중요한 조미식품으로 염도는 16~26%이다. 삶은 콩을 국균(koji)으로 발효시킨 메주를 이용하여 만들며, 독특한 냄새와 구수한 맛과 색을 낸다.

콩같은 곡물로 만드는 장을 곡장(穀醬), 생선으로 만드는 장을 어장(漁醬, 젓갈), 새나 짐승의 고기로 만드는 것을 육장(肉醬)이라고 부르며, 고대부터 조미료로 쓰여 왔다. 그 외에도 채소, 과일, 해조류 등을 소금이나 식초, 술지게미 등으로 절인 초장(草醬)이 있으며, 이것이 후에 절임음식으로 다양하게 발전한다.

젓갈은 중국 위(魏)시대(6세기) 〈제민요술〉이라는 책에서 잉어 등의 생선으로 만든다고 적혀 있으며, 새우나 게로도 만든다고 기록되어 있다. 그 밖의 다른 장들과 마찬가지로 다양한 식재료에 소금을 넣고 보존하면서 만들어졌을 것이다.

젓갈은 주로 생선 내장에 포함된 효소가 작용하여 장이 된다. 누룩을 넣은 경우도 있지만 누룩 없이 소금에 절여 부패를 막는 동안, 효소의 작용에 의해 스스로 천천히 발효시키기도 한다. 발효되고 숙성하면 어패류의 단백질이 분해되어 아미노산의 감칠맛 성분이 된다. 이 때 액체가 분리되어 나오는데, 이것을 간장처럼 조미료로 사용한다.

우리나라와 일본에서도 오징어액젓, 정어리액젓, 까나리액젓 등 각 지역 요리의 특색에 맞춰 액젓도 다양하게 발달해 왔다.

모두 특유의 비린내가 있지만 보통의 간장과는 다른 깊이 있는 감칠맛을 내기 때문에 찌개 같은 요리에 많이 쓰이고 젓갈 그대로를 즐기기도 한다.

중국에서 많이 쓰이는 하오유장(굴소스) 또한 젓갈의 일종이다. 발효시킨 생굴의 맑은 액을 떠서 소스로 만든 것이다. 굴 특유의 감칠맛으로 중국요리의 맛을 쥐고 있다. 볶음요리에는 절대 빼놓을 수 없다.

이 외에도 태국에는 남플라(nam pla), 베트남에서는 늑맘(nouc marm)이라고 불리는 젓갈은 그 나라의 모든 요리에 빼놓지 않고 들어간다. 전갱이, 정어리, 고등어 등을 소금에 절여서 발효, 숙성시키고 그 위에 떠오르는 맑은 액을 모은 것이다. 우리나라로 보면 간장에 버금가는 존재로, 식탁 위 요리의 양념으로도 빼놓을 수 없다.

남미나 유럽 남부에서 사용하는 앤초비소스도 젓갈의 한 종류라고 할 수 있다.

① 간장의 종류

간장은 제조방법과 조리용도에 따라 여러 종류가 있으며, 제조방법에 따라 양조간장, 산분해간장, 혼합간장이 있다.

간장

· 양조간장 : 발효에 의해 만드는 간장으로 재래식과 개량식이 있다. 재래식 간장은 콩으로 메주를 자연 발효시키며 발효에 의한 깊고 구수한 맛과 향이 있다. 개량식 간장은 탈지대두를 국균으로 가수분해시켜 감칠맛과 구수한 맛, 향이 있다.

· 산분해간장 : 탈지대두를 산으로 가수분해시킨 것으로 감칠맛은 있으나 향이 좋지 않다.

· 혼합간장 : 양조간장과 산분해간장을 일정비율로 혼합한 간장이다.

· 좋은 간장 고르기 : 간장 라벨에 있는 총 질소함량(TN) 수치를 확인해 보면 된다. TN 수치는 간장의 원료인 콩에서 나오는 단백질 중 아미노산이 차지하는 비율이다. 이 수치가 높을수록 영양가가 높고 감칠맛이 있다. 간장은 발효제품이기 때문에 뚜껑을 열고 사용할 때 발효가 일어난다. 냉장고에 넣어두고 온도를 낮추면 발효속도가 늦어진다. 용량이 적은 간장을 사면 보관도 쉽고 빨리 먹을 수 있어 과다 발효를 줄일 수 있다.

[표 3-1] 간장의 종류

종류	원료	만드는 법	사용
재래식 간장	콩	콩으로 메주를 띄워 만든 것, 조선간장 또는 집간장이라고도 한다. 오래 숙성시켜 색이 진하고, 짠맛이 강하다.	국, 나물
양조간장	대두, 탈지대두, 밀	숙성시킨 메주에 식염수를 섞어 6개월 정도 발효시킨 것.	양념간장, 무침 등 소스용으로 이용
산분해 간장	탈지대두	탈지대두를 식용염산으로 가수분해한 후 중화하여 가공한 것. 각종 첨가물을 배합, 숙성없이 단 시간에 만드는 간장	고기 잴 때, 기타 양념
혼합간장		보통 진간장을 부르는 것으로 양조간장과 산분해간장을 섞은 것	양념간장 등
효소분해 간장	대두, 탈지대두, 보리 또는 쌀	단백질 또는 탄수화물을 함유한 원료를 효소로 가수 분해한 후 가공한 것	양념간장 등

[출처 : 식품과학대사전]

(3) 된장

된장찌개나 된장국의 간을 맞추고 구수한 맛을 내는데 사용되는 콩 발효식품으로 염도는 10~15%이다.

된장의 종류는 재래식 된장, 개량식 된장, 절충식 된장, 속성식 된장(별미장)으로 크게 나눌 수 있다. 재래식 된장은 간장을 걸러내고 남은 건더기를 발효시킨 것이고, 개량식 된장은 콩에 전분질을 넣고 발효시킨 것으로 재래식 된장에 비해 단맛, 감칠맛이 있다.

옛날의 식생활에서 동물성 단백질을 쉽게 접하기 어려웠던 것만큼 된장찌개 같은 된장음식이 중요한 위치를 차지했다. 특히 대두를 많이 사용한 콩된장에는 100g 중에 단백질이 약 17g이나 된다. 된장이 가지는 식물성 단백질은 숙성과정에서 소화되기 쉬운 아미노산 등으로 분해된다. 따라서 쌀밥만으로는 보충하기 어려운 필수 아미노산을 잘 보충해준다.

된장국용의 국물은 주로 멸치 같은 동물성 단백질을 사용하므로 영양가가 높다. 또한 고기와도 궁합이 잘 맞아 감칠맛을 서로 보완하면서 맛도 영양도 좋은 요리를 손쉽게 만들 수 있다.

기본적으로 된장국에는 고기류, 채소류, 버섯류 등 다양한 재료가 모두 어울린다. 그 이유는 된장이 가지는 완충작용에 의해 산이나 알칼리를 넣어도 pH가 변하지 않기 때문이다. 그래서 여러 재료를 된장에 넣어도 그 맛은 변하지 않는다. 이것이 바로 된장국이 국민 요리로 보급된 가장 큰 이유일 것이다.

된장조림을 하면 생선이나 고기의 냄새가 없어진다

그 주된 이유는 된장의 주성분인 식물성 단백질의 작용 때문이다. 된장 속의 단백질은 완전히 분해된 아미노산으로만 존재하는 것이다. 분해 과정 중인 분자가 큰 콜로이드 상태인 것도 포함되어 있다. 이 콜로이드 상태의 입자들은 물이나 냄새 성분을 흡착하는 성질이 있다. 이에 된장 자체의 풍미가 함께 작용하여 냄새를 제거한다.

(4) 고추장

메주를 가루로 만들어 밀가루, 찹쌀가루, 멥쌀가루, 보릿가루 등에 엿기름을 섞어 소금과 고춧가루를 넣고 잘 버무려 발효시켜 만든 것으로 매운맛과 구수한 맛을 내며 붉고 선명한 것이 좋다. 사용하는 곡류에 따라 찹쌀고추장, 보리고추장, 멥쌀고추장, 밀고추장, 팥고추장, 수수고추장, 떡고추장 등이 있는데, 이 중 제일로 꼽는 것은 찹쌀고추장이다.

2) 단맛을 내는 조미료

단맛의 정도는 당의 종류에 따라 그 크기가 서로 다르다. 설탕을 감미도의 표준으로 하는데, 설탕은 다른 당류와는 달리 α, β 형의 이성질체가 존재하지 않아 단맛이 변하지 않기 때문이다. 당의 상대적 감미도는 과당의 단맛이 가장 크며, 전화당, 설탕, 포도당, 자일로스, 맥아당의 순으로 단맛이 감소한다. 또한 단맛은 온도에 따라서도 다르다. 0℃ 이하 그리고 50℃ 이상에서는 단맛이 저하된다.

(1) 당의 종류

식물인 사탕수수, 사탕무 단풍나무와 옥수수 등에서 대부분의 당류를 얻는다. 당은 식품조리 시 감미료로 널리 사용되며, 시럽류, 당알코올과 비영양 감미료 등에도 이용된다. 감미료는 '천연 감미료'와 '합성 감미료'로 구분되며, 조리나 식품가공 시 첨가되어 사용된다.

(2) 설탕의 종류

- 당액 : 사탕무와 사탕수수에서 얻어지며 압착하여 짜낸 즙액
- 함밀당 : 당액에서 당밀을 제거하지 않고 그대로 농축하여 만든 설탕

설탕

· 분말당 : 당액에서 당밀을 제거하여 만든 설탕
· 원당 : 당액에서 당밀을 제거하여 1차 정제한 후 여과, 농축 밀 결정과정을 거쳐 입자로 만든 황갈색 설탕
· 정제당 : 원당을 용해, 결정과정을 반복한 정제과정을 거쳐 설탕의 결정만으로 만든 설탕
· 황설탕 : 백설탕보다 불순물이 덜 정제된 것으로, 백설탕보다 향미가 있으며 신맛이 더 강하고 수분 함량도 많다.
· 흑설탕 : 사탕수수로부터 설탕을 정제하는 과정에서 거의 정제되지 않은 것이다. 진한 갈색을 가지며, 당도는 설탕보다 낮으나 독특한 향미를 가진다.
· 분말설탕(분당) : 분말설탕은 약 3%정도의 옥수수전분과 혼합된 가루 형태의 설탕으로 아이싱과 같은 제과제품을 만들 때 주재료로 쓰이며 수분 결합을 도와준다.
· 각설탕 : 각설탕은 백설탕에 시럽을 넣어 촉촉하게 한 것을 틀에 넣어 가압하고, 모양을 만들어 60℃에서 건조시킨 것이다.

설탕은 졸이면 온도에 따라서 시럽이나 사탕, 캐러멜 등이 된다

진한 설탕용액을 졸이면 100℃를 넘는 시점에서 실처럼 늘어나는 점성이 생긴다. 이것이 바로 시럽이다. 시럽은 보통 설탕과 물을 1대 1로 넣은 용액을 가열해서 약 103℃까지 졸이면 만들어진다. 그러나 설탕은 온도에 따라 다양한 형태로 모습을 바꾼다.

설탕은 온도의 상승과 함께 물에 잘 녹는 성질을 가진다. 고온에서는 대량의 설탕이 녹지만, 그것을 냉각하면 녹은 채로 있을 수 없게 된 설탕이 결정을 이루어 가라앉게 된다.

이런 설탕의 과포화용액이 결정화되는 과정에 다양한 조작을 가하면 결정의 크기나 성질을 원하는 대로 조절할 수 있다. 조작방법에 따라서는 결정을 만들지 않고 투명한 사탕을 만드는 것도 가능하다. 이렇게 설탕은 케이크나 과자의 재료에서부터 얼음설탕, 별사탕, 설탕공예, 캐러멜 등을 만들 수 있는 것이다.

시럽을 만들기 위해 진한 설탕물을 가열해서 100℃에 이르면 수분이 증발하기 시작한다. 그리고 자당의 농도가 높아지면, 수분이 증발하면서 시럽의 온도도 점점 상승하기 시작하는 것이다. 100℃ 이상으로 졸여진 자당은 그 '졸여진 온도'에 따라서 식혔을 때의 성질이 다양하게 변한다. 끓는점이 100℃를 넘은 뒤 잠시 동안은 걸쭉한 시럽의 상태가 계속된다. 온도가 더 올라가면, 냉각 방식에 따라 자당을 아주 작은 결정으로 만들 수 있다.

예를 들면 약 107℃에서 불을 끄고 냉각시켜서 만든 것 중에, 프랑스 과자의 감미재료로 유명한 '퐁당(fondant)이 있다. 퐁당이란 프랑스어로 '혀에 녹는 듯한'이라는 의미이다. 도넛이나 파운드케이크 등의 코팅으로 사용되며, 독특한 부드러움이 있다.

끓는점이 더욱 올라가서 115℃를 넘었을 때 불을 끄고 냉각시켜서 결정화시킨 것이 설탕옷이다. 카린토 등을 만들 때는 시럽을 115℃까지 가열하고 그 안에 재료를 넣어서 빠르게 섞어주면 완성된다. 재료는 시럽이 뜨거울 때 넣고 결정이 만들어질 때까지 저어준다. 또한 용액 안에 가루차나 계피가루 등을 넣으면 녹색이나 갈색의 설탕옷이 만들어져 다양한 색채와 맛의 변화를 즐길 수 있다.

온도를 더욱 상승시켜 130℃가 넘고 수분이 5% 이하가 되면 시럽액은 또다시 신기한 변화를 일으킨다. 액 전체가 녹인 유리와 같은 성질로 변하는 것이다. 이 때 불을 끄고 냉각시키면 깨지거나 부서지기 쉬운 상태가 된다. 사탕옷은 시럽액을 150℃ 이상에서 졸여 수분이 2% 이하가 되는 과포화용액을 냉각시켜서 만든 것이다.

캔디를 만드는 방법

시럽을 졸여서 만드는 '마법의 요리'에는 시럽 외에도 캔디가 있다. 캔디를 만들 때 설탕으로만 만들면 결정이 생기기 쉽고 맛도 좋지 않다. 게다가 부서지기 쉽다는 결점도 있다. 이 결점을 보완할 수 있는 방법은 자당용액에 포도당, 과당, 물엿, 계란 흰자, 젤라틴, 우유, 기름 등을 더하는 것이다. 설탕으로만 만들면 생기기 쉬운 결정의 성장을 이런 재료들을 넣어서 방지하는 것이다.

설탕공예는 어떻게 하는 것일까?

설탕공예도 설탕을 사용한 마법의 한 가지이다. 자당용액을 150℃ 이상에서 졸인 다음 식히면 유리처럼 독특한 굳기와 광택을 가진다. 이 성질을 이용해서 꽃이나 리본 같이 다양한 모양을 만들어 내는 것이 바로 '설탕공예'이다.

설탕공예를 할 때는 결정이 생기는 것을 방해하기 위한 다양한 재료를 첨가해 자당의 재결정화를 막고 있는데, 대표적인 예로 '물엿'이 있다. 물엿 속에는 '덱스트린'이라는 강한 점성의 당질이 포함되어 있는데, 이 당질은 자당의 재결정을 막고 사탕에 윤기가 흐르게 하는 역할을 한다. 빠스는 고구마나 밤, 은행 등을 튀겨서 뜨겁고 걸쭉한 설탕액을 묻혀 실처럼 늘어지는 것을 먹는 중국요리이다. 빠스는 140~150℃에서 졸인다. 이 요리를 만들 때도 설탕의 일부가 결정화한다는 것이 어려운 점이다. 그것을 방지하려면 식초를 조금 넣으면 된다. 식초가 자당의 일부를 전화당으로 만들어 재결정하지 않도록 막아준다.

설탕, 소금, 식초, 된장... 순서의 과학

요리할 때 조미료의 양을 맞추는 것만큼이나 순서를 지키는 것도 중요하다.

우선 소금과 설탕을 배어드는 작용에 차이가 있다. 국물 속에 들어가면 설탕, 소금은 각각 분자나 이온이라는 무척이나 작은 알갱이로 흩어지게 된다. 설탕은 설탕분자로, 소금은 나트륨이온(Na+)과 염소이온(Ca−)으로 나뉘는데 소금 알갱이가 더 작아서 설탕에 비해 재료에 잘 배어든다. 일단 재료에 소금이 첨가된 뒤에는 설탕은 배어들기가 어렵게 된다. 결국 아무리 설탕을 넣어도 좀처럼 단맛이 나지 않는다. 염분이 포함된 간장도 같은 작용을 하기 때문에 역시 설탕보다 나중에 넣어야 한다.

백설탕이 하얀 이유

설탕이 하얗게 보이는 것은 설탕의 결정면에서 빛이 난반사하기 때문이다. 결정이 작을수록 난반사가 많아진다. 따라서 결정이 작은 백설탕은 하얗게 보이고, 결정이 큰 얼음설탕 등은 난반사가 적어서 투명하게 보이는 것이다.

3) 신맛을 내는 조미료

(1) 식초

식초는 식품 규격상 산도 4% 이상을 함유하여야 하며 주로 초산이 주성분이다.

식초는 3~5%의 아세트산을 함유하는 신맛이 나는 조미료이다. pH는 2.4에서 2.8정도이다. 특유의 시큼함이 있지만 감칠맛 성분인 아미노산을 함유하고 있어 부드러운 풍미도 있다. 식초에는 여러 가지 종류가 있으므로 용도에 따라 구분하여 사용하면 좋다.

(2) 식초의 종류

식초는 양조식초와 합성식초가 있다.

① 양조식초

· 곡류, 과실, 알코올 등을 원료로 초산균에 의해 발효시킨 것으로 초산 외에 유기산류, 당, 아미노산, 에스테르 등이 함유되어 있어 감칠맛과 향기가 있다.
· 현재 시판되고 있는 식초는 대부분 양조식초로서 초산이 주성분이다.
· 원료에 따라 맛과 향기가 다르며 청주, 탁주 등의 주류, 쌀, 술지게미, 포도주, 포도즙, 사과주, 맥아, 보리, 옥수수 등이 사용된다.

② 합성식초

빙초산을 초산 함량이 3~5%가 되도록 희석한 식초이다.

③ 식초의 다양한 역할

보존성 향상

식초에 함유되어 있는 초산에는 살균력이 있다.

비린내 제거

생선의 비린내의 원인인 아민류와 결합하여 비린내를 제거한다.

생선의 비린내 성분은 트리메틸아민이라는 염기성 물질이다. 식초의 초산은 트리메틸아민과 결합하여 비린내를 없애준다. 식초에는 고기나 생선의 뼈에 함유된 칼슘성분을 녹이는 작용이 있으며 또 칼슘이나 마그네슘의 흡수 촉진하는 효과도 있다. 작은 생선이라면 뼈째 먹을 수 있도록 부드럽게 조릴 수 있다.

염도를 낮추는 효과

초무침같이 산미가 강한 요리는 소금기가 적어도 싱겁다는 느낌이 들지 않는다. 식초가 짠맛을 강하게 해주기 때문이다. 건강을 위해 소금기를 줄이고 싶을 때 식초를 이용한 요리를 먹거나 찍어먹는 간장을 초간장으로 하면 큰 효과를 얻을 수 있다.

변색방지

우엉, 연근 등에는 폴리페놀이 함유되어 있어 공기에 닿으면 산화되면서 색깔이 거무스름해진다. 그러나 식초에 담가두면 산화를 막을 수 있어 색과 맛이 그대로 유지된다.

요리 이외의 식초 활용법

· 도마, 수세미 등의 살균
· 은 · 동제 그릇의 녹 제거
· 피혁 · 돗자리의 더러움 제거
· 꽃꽂이의 꽃에 물을 줄 때
· 알칼리성 세제를 사용한 후 중화시킬 때

식초는 뚜껑을 열면 코를 찌르는 냄새가 나는 것은 휘발성이 있기 때문이다. 그래서 조리시 너무 일찍 넣으면 조리열 때문에 그 향이 날아가 버린다.

간장과 된장 역시 열을 가하면 감칠맛을 잃기 쉬운 조미료이다. 그러므로 식초와 간장, 그리고 된장은 요리의 나중에 넣는 것이 좋다.

4) 감칠맛 조미료

단맛, 짠맛, 신맛, 쓴맛 등이 맛과 조화를 이루어 음식의 맛을 증가시키는 효과를 나타내는 조미료로서 감칠맛은 맛난 맛, 구수한 맛, 지미 또는 우마미(umami)라고도 한다.

감칠맛을 내는 조미료에는 글루탐산나트륨(MSG), 핵산계 조미료, 복합 조미료, 천연조미료가 있다.

· 글루탐산나트륨(MSG) : 다시마에 다량 함유되어 있으며 간장, 된장의 구수한 맛에도 기여한다.
· 핵산계 조미료 : 조개, 멸치, 가쓰오부시, 각종 육류, 느타리, 표고, 송이버섯 등에 함유되어있다.

감칠맛 조미료는 그 자체가 감칠맛을 가지고 있을 뿐 아니라 다른 맛 성분에 작용하여 짠맛과 신맛을 부드럽게 하고 쓴

맛은 약하게 하며 단맛은 강하게 하는 작용이 있다.

MSG와 핵산계조미료를 혼합했을 때에는 상승작용으로 인하여 미량으로 강한 감칠맛을 나타내는 동시에 MSG만으로는 낼 수 없는 복잡하고 특수한 감칠맛을 낼 수 있기 때문에 복합조미료로 제조한다.

MSG는 중성에서 감칠맛이 가장 강하고 산성이나 알카리성에서는 약해지므로 식초, 레몬 등 산성식품과 함께 사용할 때는 오래 가열하지 않는다.

감칠맛을 우려낸다

감칠맛이란 고기의 엑기스성분에 함유되어 있는 아미노산이나 당분 등을 의미한다. 가다랑어포나 다시마육수에도 이노신산이나 글루탐산 같은 감칠맛 성분이 함유되어 있다. 이들 감칠맛 성분은 물에 녹는 성질이 있으며 특히 뜨거운 물에 잘 녹는다.

화학조미료

감칠맛 조미료가 가진 감칠맛의 정체는 아미노산인 글루탐산, 핵산인 이노신산, 구아닐산 등이다. 글루탐산은 다시마에, 이노신산은 가다랑어포, 구아닐산은 표고버섯의 감칠맛 성분이다.

동양에서는 옛날부터 된장, 간장, 젓국 등 감칠맛 성분을 풍부하게 함유한 재료를 꾸준히 이용해왔다. 그런 이유로 감칠맛 조미료도 서양에 비해 즐겨 사용하는 편이다. 중화요리의 조리법에는 '감칠맛 조미료 몇 그램'이라고 쓰여 있는 경우도 흔하지만 서양요리의 조리법에서는 찾아 볼 수 없다.

맛을 내기 위하여 조미료를 넣을 때는 설탕, 소금, 식초, 간장, 된장 등의 순서로 넣는다.

설탕을 먼저 넣어 식품 내부까지 충분히 침투시킨 후 소금을 넣는 것이 좋다. 소금(NaCl, 분자량 : 58.45)과 설탕(C12H22O11, 분자량 : 342.30)을 거의 동시에 넣으면 식품에 먼저 소금이 들어가고 설탕은 거의 들어가지 않게 되기 때문이다. 그 외에는 식초, 간장, 된장은 휘발성분이 있어 정미성분이 손실되므로 나중에 넣는다.

국물맛을 내는 요령

① 다시마

다시마

적당한 크기로 가위로 잘라 사용하기 전날 저녁 냄비에 물을 넣고 담가두기만 하면 된다. 표면의 하얀 가루는 만니톨(Manntol)이라는 다시마의 감칠맛 성분이니 사용하기 전에 씻어서는 안 된다. 그리고 그 다음 날 불에 올리기 전에 다시마를 건져낸다. 끓일 때는 몇 방울의 청주를 넣고 뚜껑을 열어둔 채 끓인다. 청주는 비린내를 제거해줄 뿐 아니라 감칠맛 성분인 호박산이 들어있어 깊은 맛을 더해준다. 다시마국물은 상하기 쉬우므로 여름에는 그때그때 사용할 만큼만 만드는 것이 좋고, 겨울에는 병에 넣어 냉장고에 보관하면 1주일 정도는 문제가 없다.

② 멸치

국물을 내기 위한 멸치는 조금 크고 넓적하면서 전체적으로 연한 푸른빛을 띠며 광택이 있는 것이 좋다. 멸치의 양은 물 5컵에 멸치 10마리정도가 적당하다. 머리와 내장을 떼어낸 뒤 비린내를 없애기 위해 냄비에 넣어 살짝 볶고 그대로 찬물을 부어 끓인다. 끓기 시작한 뒤 10~15분간 우려내고 거품은 걷어낸다.

③ 다양한 숨은 맛

조림이나 국, 스프에 조금만 넣어도 요리 전체의 맛을 한층 좋게 하고 깊이를 더해주는 것이 바로 숨은 맛이다. 우선 대표적인 것이 간장이다. 볶음밥이나 콘소메 수프, 닭고기뼈 수프 등에 넣거나 버터로 볶는 음식에 한 두 방울 떨어뜨려주면 한층 맛이 좋아진다.

또 표고버섯차를 영양밥이나 볶음밥, 라면에 넣어 보면 감칠맛을 더욱 강하게 느낄 수 있다. 다시마차도 조림이나 파스타 등 요리종류에 상관없이 숨은 맛을 낸다.

커피도 숨을 맛을 낸다. 스파게티 소스를 만들 때 쓰이는 토마토 통조림에 설탕과 함께 넣어주면 토마토소스의 맛이 깊어지고, 또 카레에 커피를 넣어도 맛이 풍부해진다.

그리고 좀 특이한 예로는 맥주효모가 있다. 다양한 맛과 궁합이 잘 맞는 효모엑기스의 특징은 화확조미료로는 도저히 낼 수 없는 심오한 맛이라고 한다. 효모엑기스는 라면 스프나 레토르트 식품 등 다양한 요리의 밑간을 조절해주는 조미료로 널리 이용하고 있다.

2. 채소요리

단호박

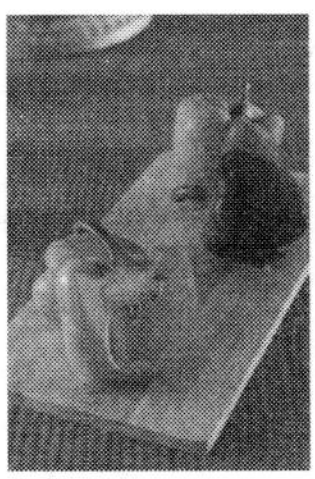

파프리카

채소류는 주로 식용하는 부위에 따라 경엽채류, 근채류, 과채류, 화채류로 분류한다.

채소는 수분 함량이 80~90%이며, 근채류와 경채류는 아스파르트산, 글루탐산, 유리아미노산 등을 가지므로 감칠맛을 내어 국물맛을 구수하게 해준다. 독톡한 풍미와 다양한 색은 식욕을 증진시켜 줄 뿐만 아니라, 영양소 이외에 건강에 유익한 다양한 생리활성 물질을 함유하고 있어 건강을 유지하고 질병을 예방하는데 도움을 준다. 풍부한 식이섬유는 현대인의 장을 건강하게 하고 배변을 돕는다.

1) 채소의 분류

고추

토마토

· 경엽채류 : 줄기 및 잎을 주로 식용하는 것으로 잎채소인 배추, 양배추, 상추, 쑥갓, 시금치 등
· 근채류 : 땅 밑 뿌리에 양분을 저장하는 채소로 무, 당근 등
· 과채류 : 초본식물의 열매를 식용으로 하는 채소로 호박, 가지, 오이, 토마토 등
· 화채류 : 꽃을 식용으로 하는 채소로 브로콜리, 콜리플라워, 아티초크 등

Just Write Here

채소 등을 셀 때 주로 쓰는 단위

Stalk : (샐러리, 대파 등) 줄기

Bunch : (시금치, 파 따위의 묶음) 단, bn으로 표기

Sprig : (타임, 로즈마리 등) 한 줄기

Clove : (마늘) 한 쪽

Bulb : (마늘 따위) 통

Cob : (옥수수) 낱알이 딸린 자루

Ear : (옥수수) 한 자루

Kernel; (곡물) 낱알

Head : (양배추 등) 포기

2) 식품에 존재하는 피토케미칼(phytochemical)

피토케미칼은 과일과 채소 같은 식물성 식품에서 발견되는 비영양소 화합물로서 식품에 맛과 색, 향기를 주고 체내에서 항산화 역할 및 질병 발생을 억제하는 생리적 활성을 지닌 물질이다. 피토케미칼이 풍부한 전곡류, 콩류, 채소와 과일들은 특히 암과 심장질환 등을 예방하며 건강을 증진시키므로 매일 다양한 식물을 섭취하는 것이 바람직하다.

[표 3-2] 피토케미칼 식품의 종류와 생리적 기능

색	식품	피토케미칼 종류	생리적 기능
빨강	토마토, 수박	라이코펜	전립선암 예방, 심장질환 예방
	사과	페놀화합물	노화 지연, 암 예방, 콜레스테롤 강하
	딸기	안토시아닌 엘라직산	노화 지연, 폐기능 강화, 암 예방, 당뇨병성 합병증 예방
주황	살구, 당근, 늙은 호박	β·카로틴	항산화 작용, 암 예방, 심장질환 예방, 폐 보호기능
노랑 (주황)	고구마		
	감귤류(오렌지, 자몽, 귤 등)	헤스페리딘 리모넨	
초록	브로콜리, 케일	β·카로틴 술포라판 인돌 루테인 퀘세틴	노화 지연, 암 예방, 폐기능 향상, 백내장 예방, 알러지 염증반응 저하, 당뇨병성 합병증 예방
	시금치	β·카로틴 루테인 제아잔틴	노화 지연, 암 예방, 폐기능 향상, 황반 퇴화 및 백내장 예방, 시력감퇴 둔화, 당뇨병성 합병증 예방
	양배추	술포라판 인돌	암 예방

	잎상추	퀘세틴	알러지 염증반응 저하, 뇌와 기관지 종양의 성장 저지, 오염물질과 흡연으로부터 폐 보호
	부추	알릴 화합물	암 예방, 콜레스테롤 및 혈압 강하
초록 (흰색)	쪽파		
	마늘	알릴 화합물 퀘세틴	암 예방, 콜레스테롤 및 혈압 강하. 알러지 염증반응 저하, 뇌와 기관지 종양의 성장 저지
	양파		
	배	퀘세틴	암 예방, 콜레스테롤 및 혈압 강하. 알러지 염증반응 저하, 뇌와 기관지 종양의 성장 저지, 오염물질과 흡연으로부터 폐 보호
보라	블루베리	안토시아닌 엘라직산	노화 방지, 암 예방, 콜레스테롤 강하
	포도	레스베라트롤 엘라직산 퀘세틴	심장병 예방, 알러지 염증반응 저하, 뇌와 기관지 종양 성장 저지, 오염물질과 흡연으로부터 폐 보호
검정	검은콩, 검은깨, 검은쌀, 해조류, 석이버섯, 블랙 올리브	안토시아닌	암 예방, 노화 억제, 콜레스테롤 강하, 시력개선 효과, 혈관 보호기능, 항궤양 기능

[출처 : 식품과 조리원리, 이주희, 김미리, 민혜선, 이영은, 송은승, 권순자, 김미정, 송효남, 교문사]

[표 3-3] 신선한 채소 · 과일 구별 및 보관법

시금치	잎은 싱싱하고 윤기가 있는 녹색인 것이 좋으며 색이 너무 짙으면 질소의 함량이 높아 좋지 않을 수도 있다. 밑에서부터 잎이 나 있고 잎면적이 넓은 것이 좋다.
가지	표면에 흠이 없고 매끈한 것이 좋으며 색깔은 짙은 암자주색의 선명하고 광택이 있는 것, 손으로 만졌을 때 단단한 것, 꼭지가 싱싱하며 가시돌기가 아플 정도로 뾰족한 것이 좋다.
오이	굵기가 머리에서 끝까지 일정하게 고르며 똑바로 곧은 오이가 좋다. 만져보아 단단하고 껍질의 가시돌기가 아플 정도로 뾰족한 것이 좋다.

호박	늙은 호박은 황갈색으로 착색이 완전하고, 과실표면에 하얀 분가루가 생긴 것이 좋다. 애호박은 너무 크지 않고 작은 것이 좋다. 또한 색깔이 황록색으로 윤기가 있는 것, 꼭지가 마르지 않은 것이 좋다.
참외	참외 골과 산이 뚜렷하게 구별되며 황색으로 착색이 잘 된 것이 좋다. 참외는 과실 겉에서 안쪽으로 익어가기 때문에 향을 맡아보면 익은 정도나 당도가 쉽게 드러난다.
딸기	붉은 색이 진하고 꼭지가 파릇파릇한 것, 모양이 예쁜 것, 꽃받침이 녹색으로 신선한 것이 좋다.

채소나 과일은 가능한 밭에서 자랄 때의 상태로 보존하는 것이 좋다. 수분을 듬뿍 빨아들여 자라는 시금치 등의 잎을 먹는 엽채류, 브로콜리, 컬리플라워 등 꽃부분을 먹는 화채류는 보존할 때에도 수분이 증발하지 않도록 젖은 신문지로 싸거나 비닐팩 등에 넣어 밭에 있던 모습 그대로 세워서 보관한다.

버섯류 등은 플라스틱용기 등에 버섯의 삿갓 뒷면을 위로 하여 두고 그 위에 키친타월 등을 적셔 얹어 놓으면 오래간다. 또한 단호박이나 양배추 등은 심지부분을 도려내고 그 부분에 젖은 행주 등을 넣어 신문지로 싼 다음 자른 부분을 아래로 해서 비닐봉투에 담아 냉장고에 넣는다. 흙속에서 자라던 근채류나 뿌리 혹은 줄기를 먹는 채소 등은 잎채소와는 달리 물기에 닿으면 썩기 때문에 서늘한 장소에 신문지 등으로 싸서 건조시켜 보존한다.

(1) 폴리페놀과 산화효소

껍질을 벗긴 사과나 잘라낸 연근, 우엉 등을 그대로 놓아두면 자른 부분이 바로 갈색으로 변하거나 거무스름하게 변한다.

(2) 원인은 효소

변색은 과일이나 채소를 자르는 동시에 시작된다. 채소, 과일 속에 함유되어 있는 폴리페놀이라는 물질이 폴리페놀 산화효소의 작용으로 색이 변하는 것이다. 이러한 변색을 막으려면 폴리페놀 산화효소나 폴리페놀 중 한쪽을 없애주면 된다.

(3) 효소의 활동과 온도의 관계

보통의 화학반응은 온도가 높아짐에 따라 반응속도도 빨라지지만 효소반응의 경우는 대체로 35~40℃에서 가장 활발히 작용한다. 그리고 이 온도를 넘으면 효소 단백질이 변성되기 시작해 반응속도가 오히려 느려지며 일정한 온도 이상이 되면 효소는 더 이상 작용하지 않는다. 따라서 효소의 작용을 막으려면 온도를 변화시키면 된다.

(4) 채소나 과일의 변색을 막는 방법은 무엇일까?

· 자른 채소를 물로 잘 헹군다. 물로 헹궈냄으로서 폴리페놀을 씻어내는 것이다.
· 식초에 헹궈 냉장고에 넣는다. pH를 3이하로 낮추거나 또는 저온에서 저장하면 효소의 활동은 급격히 저하된다.
· 소금물에 담가둔다. 소금은 효소의 활동을 방해한다.
· 미지근한 물에 담근다. 물의 열로 효소자체를 파괴시킨다.

(5) 채소를 자를 때 결을 생각하면서

샐러드를 만들 때는 채소의 섬유를 생각하여 채소가 자라는 방향으로 생기는 섬유를 따라 자르면 섬유가 절단되지 않아 싱싱한 식감을 잘 잃지 않는다. 반대로 끓이는 음식이나 스프에 사용할 때는 섬유를 결과 반대로 자르면 부드럽게 완성된다.

(6) 발효과학 김치

김치를 담그기 전 배추를 소금으로 절이는 과정은 삼투압의 원리를 이용한 것이다. 채소는 소금을 사용하지 않아도 쉽게 건조되지만, 이런 경우는 채소 특유의 신선미도 잃는다. 그러나 채소를 소금에 절이면 채소가 연해지면서도 사각사각 씹히는 맛을 유지한다. 보존성이 높아지는 것은 물론이다.

또한 어패류와 채소를 묽은 농도의 소금물에 절이면 자가효소 작용과 세균의 발효작용으로 각기 아미노산과 젖산을 생산한다. 아미노산은 감칠맛을 더하고 젖산은 김치 특유의 맛과 향을 낸다.

고춧가루도 중요한 역할을 한다. 고추에는 다량의 비타민과 함께 매운맛 성분인 캡사이신(capsaicin)이라는 알칼로이드 물질이 들어 있다. 캡사이신은 산화방지제의 역할을 함으로써 김치가 쉽게 물러지지 않도록 하며 지방의 산패를 막아 젓갈의 비린 맛을 없애준다. 고춧가루를 넣지 않은 백김치가 쉽게 물러지는 이유이다.

저장방식도 김치의 맛에 결정적인 영향을 미친다. 김치는 5℃에서 20일 정도 저장되었을 때 맛과 영양이 가장 우수하다고 알려져 있다. 김치의 발효 숙성과정에서 인체에 이로운 젖산균이 증가하며 비타민 C 역시 최대로 증가하기 때문이다. 하지만 어느 정도의 기간이 지나면 효모와 곰팡이의 번식이 시작되면서 맛과 냄새가 변하고 영양도 떨어진다.

(7) 콩나물

콩나물은 발육과정에서 유익한 성분들이 새롭게 생성되는 특별한 콩이다. 대표적인 것이 피로회복과 피부미용에 효과적인 비타민 A와 비타민 B_2, 비타민 C이며, 소화를 촉진하는 섬유소 역시 뿌리 부분에서 생성된다.

콩나물에는 특히 아스파라긴산이라는 산성 아미노산이 함유되어 있어 숙취해소에 탁월한 효과가 있는 것으로 알려져 있다. 간에 이르러 알코올 분해효소의 생성을 도와 간을 보호하는 이 아스파라긴산은 특히 콩나물의 뿌리 부분에 전체의 90%가량이 존재한다. 따라서 뿌리를 다듬은 콩나물은 적어도 숙취해소에는 별다른 효과를 발휘할 수 없다.

(8) 토마토 껍질을 쉽게 벗기기

토마토 껍질이 잘 벗겨지지 않는 원인은 펙틴(pectin)이라고 하는 물질 때문이다.

펙틴이란 주로 귤 유자, 레몬 따위의 감귤류나 사과 등의 껍질부분에 함유되어 있는 천연 젤라틴제로서 식물섬유를 듬뿍 함유하고 있다. 이 펙틴이 토마토 알맹이와 껍질 사이에서 접착제 역할을 하는 것이다. 때문에 펙틴만 제거하면 토마토 껍질도 간단하게 벗길 수 있다.

우선 모가 나지 않은 둥근 젓가락을 준비한다. 그 젓가락으로 토마토 전체를 문지르고 마지막에 토마토의 꼭지를 찔러 구멍을 뚫는다. 젓가락으로 문지르면 토마토의 과육에서 수분이 나와 펙틴이 녹기 때문에 구멍을 뚫은 부분부터 껍질을 벗기면 스르르 벗길 수 있다.

또 열을 가해서 펙틴의 접착효과를 약하게 하는 방법도 있다. 토마토를 포크로 찔러 직접 불에 쬐어주면 껍질을 벗길 수 있다. 또 뜨거운 물에 토마토를 넣은 다음 찬물에 담가 벗기는 방법도 있다. '팽창'효과를 이용해서 토마토 껍질을 벗길 수도 있다. 우선, 토마토를 냉동실에 꽁꽁 얼린다. 그러면 과육의 수분이 얼면서 팽창해 껍질이 탱탱해진다. 여기에 물을 단숨에 끼얹으면 얼었던 수분이 녹으면서 늘어난 껍질이 흐물흐물한 상태가 된다. 껍질이 저절로 벗겨지는 셈이다. 펙틴은 얼려도 파괴되지 않기 때문에 펙틴의 영양소를 파괴하지 않고 껍질도 간단히 벗길 수 있는 방법이다.

(9) 양파를 자르면 눈물이 나는 이유

양파를 자르면 눈물이 나는 것은 양파에 함유된 황화알릴이라는 휘발성의 최루물질이 원인이다. 양파를 자르면 양파에서 황화알릴이 눈의 점막을 자극하기 때문에 눈물이 나오는 것이다.

황화알릴은 자극적인 냄새로 고기나 생선의 비린내를 억제하는 것뿐만 아니라 비타민 B_1의 흡수를 높이고 소화액의 분비를 촉구하며 혈액의 응고를 억제하는 것으로 동맥경화나 뇌졸중을 예방하는 등 좋은 약효가 많다. 또한 최근 황화알릴은 혈액 중의 지방질의 양을 줄이는 작용이 있다고 해서 다이어트에 좋은 식품으로 알려졌다.

황화알릴의 성분을 억제하는 방법에는 물에 씻는 것, 가열하는 것, 차갑게 하는 것이 있다.

황화알릴은 수용성의 물질이므로 물로 씻으면 씻긴다. 또한 가열하면 메르캅탄이라고 하는 성분으로 변해 매운맛을 잃는다. 그리고 저온에서는 잘 휘발하지 않는 성질을 가지고 있어 차갑게 한 후에 자르면 눈물이 잘 나지 않는다.

(10) 무의 밑부분을 갈면 매운 무즙이 된다

무에 함유된 매운맛 성분의 근원은 글루코시놀레이트라고 하는 물질로 그대로는 맵지 않다. 무를 즙으로 만들 때 세포가 파괴되어 안에 함유된 미로시나아제라고 하는 효소에 의해 가수분해가 일어난다. 이 미로시나제가 글루코시놀레이트를 분해하는 것에 의해 아이소싸이오사이네이트라는 물질로 변화한다. 이것이 무의 매운맛 성분이다.

매운맛의 근원인 글루코시놀레이트는 무의 밑부부에 많이 함유되어 있어 매운 무즙을 좋아하는 사람은 무의 밑부분을 사용하면 된다. 또한 아이소싸이오사이아네이트는 휘발성이므로 무즙을 오래두면 매운맛이 없어진다.

무에는 매운맛 성분만이 아닌 디아스타아제, 옥시다아제, 카타리아제 등의 소화효소와 비타민 C를 많이 함유하고 있다.

3. 과일요리

과일은 식물의 씨방과 그 주변 조직이 발달하여 생긴 열매로서, 아름다운 색과 향기로운 냄새, 새콤달콤한 맛, 과즙이 풍부하고 부드럽거나 아삭아삭한 질감 등이 있는 식품이다. 과일마다 비타민과 무기질, 섬유소 이외도 피토케미칼(phytoemicals)을 비롯한 여러 가지 특수성분을 함유하고 있다.

1) 과일은 낮은 온도에서 더 맛있다

과일에 함유된 과당에는 알파(α)형과 베타(β)형이 있다. 베타형은 알파형에 비해 3배나 강한 단맛을 낸다. 온도가 낮으면 베타형이 증가하기 때문에 과일은 차가울 때 더 달다.

2) 과일과 설탕으로 잼이 만들어진다

잼은 과일과 설탕을 졸여 걸쭉하게 한 것이다. 프리저브스타일은 과일의 모양이 남아 있는 잼이고 마말레이드는 오렌지, 자몽 등의 감귤류와 설탕을 졸여 과일 껍질을 첨가한 것이다.

과일에는 펙틴이 함유되어 있는데 이 펙틴의 어원은 그리스어의 펙토스(Pektos, 단단하다)로, 그 이름대로 식물의 세포벽끼리 단단히 붙이는 풀과 같은 역할을 한다.

펙틴은 과일뿐만 아닌 지상의 대부분의 식물체에 함유되어 있는 대표적인 수용성 식물섬유의 한 종류이다. 가열하면 녹고 차갑게 하면 굳는 성질을 가지고 있다. 과일과 설탕을 끓인 물이 식을 때 과일에서 나온 수분을 많이 흡수한 설탕을 펙틴이 굳혀서 부드러운 식감이 된다. 잼이 보존성이 좋은 것은 설탕이 수분을 흡수해서 미생물이 활동하기 어려워지기 때문이다.

펙틴을 많이 함유한 과일은 감귤계로 레몬, 오렌지, 사과 등이 있다. 반대로 적은 과일은 키위, 멜론, 복숭아 등이다. 중간 정도 함유하고 있는 것은 살구, 포도, 블루베리 등이다.

펙틴을 많이 함유하지 않은 과일로 잼을 만들 때는 펙틴을 더 넣으면 된다. 레몬의 껍질을 채썰어 졸여 국물만 따라 내면 된다. 한 개 반의 레몬으로부터 잼 약 1㎏을 만들 수 있는 펙틴을 얻을 수 있다.

3) 젤리

젤리에는 한천으로 굳히는 한천젤리와 젤라틴으로 굳힌 젤라틴 젤리 두 가지 종류가 있다. 한천은 천초하고 하는 해초에서 채취하는 수용성 식물섬유의 한 종류로 가열해서 녹인 다음 30~40℃로 식히면 굳는다. 한편 젤라틴은 동물의 뼈나 피부에 함유되어 있는 콜라겐이라는 단백질로부터 만들어진 것으로 끓여 녹여서 사용하지만 한천보다는 낮은 15~20℃의 온도에서 굳는다.

젤라틴은 부드러운 식감과 투명감이 특징으로 설탕이나 과즙 등의 단맛을 더한 디저트나 식재료의 배색을 즐기는 젤리로 사용하는 경우가 많다.

주성분인 단백질인 젤라틴의 경우 파인애플이나 키위 등, 단백질분해효소를 많이 함유한 과일을 사용하면 잘 굳지 않는다.

한천의 경우 딸기나 사과 등 산을 많이 함유하는 과일에 사용하면 잘 굳지 않는다. 과일에 함유된 산과 한천의 주성분인 식물섬유를 같이 가열하면 산의 작용으로 식물섬유가 가수분해되어 점성을 잃게 돼 잘 굳지 않게 되는 것이다.

그러나 산에 의한 가수분해는 상온에서는 잘 일어나지 않으므로 한천액을 식힌 뒤 과즙이나 과실을 넣으면 된다. 그러므로 젤라틴에 과즙이나 과실을 넣을 때에는 가열한 뒤 뜨거운 상태에서 넣어 식히고, 한천액에 넣을 때는 한천액을 식힌 뒤에 넣어서 굳힌다.

살구잼

재료

다진 살구 300g, 설탕 300g, 펙틴 4g

만드는 법

① 두꺼운 냄비에 다진 살구, 설탕을 넣고 10~15분 정도 과육이 물러질 때까지 끓인다.

② ①이 졸아지면 펙틴을 넣고 2~3분 동안 더 졸인다.

③ 밀폐 용기에 담아 보관한다.

사과잼

재료

다진 사과 300g, 설탕 280g, 물 100g, 물엿 20g, 펙틴 3g, 레몬즙 6g

만드는 법

① 두꺼운 냄비에 다진 사과, 물을 넣고 5~10분 정도 과육이 물러질 때까지 끓인다.

② ①에 설탕, 물엿을 넣고 10~15분 동안 졸인 다음 펙틴, 레몬즙을 넣고 2~3분 더 졸인다.

③ 밀폐용기에 담아 보관한다.

산딸기잼

재료

산딸기 300g, 설탕 300g, 펙틴 3g

만드는 법

① 두꺼운 냄비에 산딸기를 넣고 10~15분 정도 과육이 물러질 때까지 끓인다.

② ①이 졸아지면 펙틴을 넣고 2~3분 동안 더 졸인다.

③ 밀폐 용기에 담아 보관한다.

Just Write Here

4. 쌀요리

밥

쌀은 형태에 따라 '단립종'과 '장립종'으로 나누어진다. 단립종은 쌀알이 짧고 통통하며 세포막이 얇아 밥을 지을 때 붕괴되어 끈기가 생긴다. 또한 수분흡수가 용이하여 완전히 호화가 일어나는 것이 특징이다. 반면, 장립종은 쌀알이 가늘고 길며 세포벽의 붕괴가 적어 쌀형태가 그대로 유지되어 끈기가 적고 푸슬푸슬하다. 유색미의 색소는 겨층 부분에 들어 있으며 수용성 색소이므로 밥을 할 때 색이 용출되어 밥의 색을 좋게 한다.

1) 멥쌀의 조리

멥쌀은 반투명하고 찹쌀에 비해 밥을 지었을 때 끈기가 적고 단단한데 그 정도는 아밀로오스 함량에 따라 달라진다. 아밀로오스 함량이 높은 쌀로 밥을 지으면 밥이 끈기가 없고 단단하며 부슬부슬하다.

밥짓기는 먼저 쌀 입자의 내부까지 수분이 흡수된 후 끓이기를 하고 다음에 뜸들이는 과정을 거친다. 그러므로 맛있는 밥을 지으려면 밥물의 양, 불의 세기, 뜸들이기 등이 중요하다. 쌀의 호화에 소요되는 시간은 가열온도가 98℃일 때 20~30분 정도이다.

2) 찹쌀의 조리

찹쌀은 유백색이고 전분 입자가 아밀로펙틴만으로 구성되어 있어 밥을 지으면 찰지며, 찹쌀 특유의 냄새가 난다.

찹쌀밥은 충분히 불린 후 멥쌀보다 적은 약 0.9배의 밥물이 필요하다. 찜통에서 찌는 방법을 이용할 때는 찹쌀을 물에 충분히 불린 다음 수증기를 이용하여 찌며, 찌는 과정에서 2~3회 물을 뿌려 주어야 충분히 호화가 된다.

3) 맛있는 밥짓기

가장 맛있는 밥의 수분 함량은 약 60.5~66%인데 중량으로 환산하면 밥은 쌀의 약 2.3배가 된다. 밥을 지을 때 물의 양은 쌀의 품종, 건조상태, 쌀의 양, 열원과 취반용기에 따라 다르지만, 증발률이 밥물의 10~15%이므로 쌀 무게의 1.4~1.5배, 쌀 부피의 1.2배이다. 묵은 쌀은 부피로 1.3~1.4배, 햅쌀은 쌀과 동량의 물을 가한다.

최근 '무세미'를 쉽게 볼 수 있다. 씻지 않아도 되는 것은 편리하지만 씻지 않고 밥을 지으면 쌀겨 냄새가 나지 않을까 신경 쓰이는 사람도 많을 것이다.

쌀은 수확되면 왕겨가 제거된다. 이 상태를 '현미'라고 하며 현미에는 쌀겨, 배아, 배젖이 남아 있다. 현미에서 쌀겨를 제거한 것이 '배아미'이며 배아미에서 배아를 제거한 것이 '정백미'이다. 일반적으로 '쌀을 씻는다'는 것은 쌀을 문지르는 것으로 호분층을 없애는 것이다.

우선 쌀의 정미 방법에는 몇 가지 종류가 있다. 일반적인 방법은 호분층끼리 붙는 성질을 이용하여 쌀 주변의 호분층을 호분층으로 씻어내는 것이다.

정미 후의 일반 쌀은 물로 씻는 것에 의해 쌀 표면에 있는 맛성분이나 비타민류가 많이 유실된다. 그렇다고 해서 충분히 씻지 않으면 쌀겨 냄새가 많이 나고 맛이 없을 뿐만 아니라 밥을 지은 후에 쉽게 상해 버린다.

무세미는 호분층이 없는 만큼 일반 쌀의 동량에 비해 양이 많아진다. 그러므로 많은 양의 물에 1시간 정도 충분히 담근 후 일반 쌀을 지을 때보다도 10~20% 정도 많은 물로 짓는 것이 좋다. 또한 쌀 표면에서 수분이 증발하기 쉽기 때문에 최대한 외부 공기에 닿지 않도록 구입하면 빨리 먹도록 한다.

4) β 녹말과 밥의 노화

밥맛과 색이 변한다. 밥의 단맛 성분인 당분과 단백질에 함유되어 있는 아미노산이 반응하여 색깔이 누렇게 되는 것이다. 색이 변할 뿐 아니라 단맛과 감칠맛 성분이 변질되기 때문에 맛도 떨어진다. 밥솥의 보존온도인 70℃ 정도에서 일어나기 쉬운 현상이다.

5) 냉장실에 넣으면 맛이 없다

밥을 냉장실에 넣어 두면 밥이 말라 퍼석퍼석해진다. 밥을 지을 때 α 전분 구조로 노화해 수분이 증발하거나 결정구조 안에 갇혀 버리기 때문이다. 냉장실의 온도는 3~5℃로 밥의 전분이 가장 노화하기 쉬운 0℃에 가깝기 때문에 오히려 노화가 쉽게 진행된다.

20℃의 냉동실이라면 수분이 증발하거나 결정구조 안에

갇히기 전에 냉동함으로써 α 전분에 가까운 상태로 보존할 수 있다. 갓 지은 밥을 바로 냉동보존용 봉지 등을 이용해 되도록 평평하게 펴서 냉동실에 넣어 둔다. 평평하게 하면 속까지 빨리 얼고 해동할 때도 열이 골고루, 급속하게 돌기 때문에 맛이 유지된다.

알루미늄 쟁반에 얹어 냉동시키면 녹말의 노화 온도대를 재빨리 통과할 수 있다. 찬밥을 얼린 경우는 청주를 약간 뿌린 후에 가열하면 맛있어진다. 그렇다 해도 보존기간은 한 달을 넘기지 않는 것이 좋다.

6) 아밀라아제와 탄수화물

식혜는 알면 만들기 쉽다. 껍질째 빻은 엿기름가루를 고운 체로 거른 뒤에 따뜻한 물을 부어 3시간가량 방치한다. 엿기름가루란 맥아, 즉 보리의 한 종류인 겉보리의 낟알을 발아시켜 건조시킨 뒤 분말을 만든 것이다. 이 속에는 아밀라아제가 다량 함유되어 있다. 3시간쯤 지나면 침전물과 분리된 맑은 물이 위로 떠오른다.

그리고 평소보다 물을 적게 넣고 밥을 지어 보온 상태의 온도에서 엿기름의 맑은 물만을 가만히 떠서 붓는다. 4~5시간이 지나면 밥알이 식으면서 위로 떠오른다. 이 밥알들을 건져 찬물에 헹군 뒤 다른 그릇에 담고 나머지 식혜물에 설탕과 생강을 넣고 끓이면 된다.

가장 재미있는 과정은 엿기름 용액과 밥이 만나는 중간과정이다. 즉 아밀라아제와 탄수화물이 만나는 과정이다. 엿기름에 함유된 아밀라아제라는 효소가 밥알의 탄수화물을 분해하면서 당분이 만들어지기 때문이다. 식혜의 단맛은 결정되는 현상이다.

아밀라아제는 효소, 즉 단백질이기 때문에 온도나 수소이온농도(pH) 등 환경요인에 의해 크게 영향을 받는다. 특히 특정한 온도범위까지는 온도의 증가와 함께 화학반응 속도가 커지므로 효소의 촉매작용도 커지지만, 그 범위를 벗어나게 되면 단백질의 분자구조가 변형을 일으켜 효소로서의 기능을 잃어버리게 된다. 아밀라아제는 60~70℃ 사이에서 활발히 작용하므로 식혜를 만들 때에는 이 정도의 온도를 유지해야 한다.

Just Write Here

밥의 종류는 생각보다 많다

· 흰밥
· 잡곡밥
· 채소밥
· 비빔밥
· 영양밥
· 별미밥

5. 육류 및 어패류요리

육류는 소, 돼지, 양과 같은 수육과 닭, 오리, 칠면조 등의 조육으로 나눌 수 있다. 어패류는 삼면이 바다인 우리나라에서 식량자원으로 많이 이용되고 있다. 육류와 어패류는 모두 훌륭한 단백질 식품이다.

1) 육가공품

육가공품으로는 햄, 소시지, 베이컨, 육포 등이 있다.

(1) 햄

햄(ham)은 원래 돼지의 뒷다리를 의미하나, 넓은 의미로 돼지고기를 부위에 따라 분류하여 정형, 염지 한 후 훈연하거나 열처리한 것으로서 수분 72% 이하, 조지방 10% 이하의 것을 말하며 원료육의 부위에 따라 여러 종류가 있다.

[표 3-4] 햄의 종류

종류	특징
본인햄 (레귤러햄)	· 단순히 햄이라고 하며 뒷다리살을 뼈가 있는 채로 가공한 것 · 원료를 자르는 방법에는 롱컷과 숏컷이 있음 · 훈연 외에 가열처리를 하지 않기도 함
본레스햄	· 원료육에서 뼈를 제거하고 가공한 것
로인햄	· 등심부위의 원료를 가공한 것
숄더햄	· 돈육의 어깨부위를 가공한 것
프레스햄	· 소시지와 햄의 중간형태 · 햄이나 베이컨의 잔육이나 다른 축육을 섞어 압력을 가하여 제조한 것 · 돈육이 전체 함유량의 70% 이상, 수분 75% 이하, 조지방 20% 이하인 것
혼합햄	· 프레스햄과 제법은 동일하나 육함량이 75% 이상, 전분 8% 이하인 것

[출처 : 식품가공저장학, 신성균, 이석원, 이수정, 주난영, 최남순, 파워북]

(2) 소시지

소시지는 값싼 고기의 부산물들을 이용하여 만든 가공품으로 암돼지 고기에 향신료인 세이지를 넣어서 만들었다는 의미에서 유래된 것으로 알려져 있다. 식품위생법에서는 '수육에 조미료 및 향신료 등 첨가제를 섞어 케이싱에 충전하고 훈연하거나 열처리한 것'으로 규정하고 있다.

(3) 베이컨

베이컨은 돼지의 복부육(삼겹살)을 정형, 혈교, 염지, 수침, 건조, 훈연, 냉각의 과정을 거쳐 수분 60% 이하, 조지방 45% 이하로 만든 후 얇게 썰어 셀로판으로 진공 포장한 제품이다. 복부육 외에 등심육을 가공한 로인 베이컨, 어깨 부위를 가공한 숄더 베이컨도 있다.

(4) 육포

쇠고기를 얇게 썰어서 양념을 바른 다음 햇볕에 말린다.

쇠고기 육수

재료

쇠고기(양지머리) 300g, 무 1토막, 양파 1/2개, 대파 잎 1대 분량, 통후추 1작은술, 물 8컵

활용

떡국이나 만둣국, 뭇국, 전골 요리에 사용하거나 여름에는 차갑게 식혀 냉국이나 차가운 면 요리의 국물로 활용하면 좋다.

만드는 법

① 쇠고기는 찬물에 30분 정도 담가 핏물을 뺀다.
② 쇠고기를 제외한 모든 재료를 냄비에 넣어 끓이다가 쇠고기를 넣고 국물이 끓어 오르면 불을 약하게 줄여 30분 정도 끓인다.
③ ②의 육수를 면포에 거르고 실온에서 차갑게 식힌 다음 위에 굳은 기름을 걷어낸다.

Just Write Here

멸치 육수

재료

국물용 멸치 15마리, 다시마(사방 5㎝) 1장, 양파 $\frac{1}{4}$개, 대파 1대, 물 6컵

활용

된장찌개, 된장국, 콩나물국, 매운탕 등 찌개나 국을 끓일 때 주로 사용한다. 그 외에도 나물볶음이나 생선을 조릴 때 조금씩 넣으면 맛이 훨씬 더 풍부해진다

만드는 법

① 냄비에 멸치를 넣고 향이 날 정도만 살짝 볶은 다음 나머지 재료를 모두 넣어 줄불에 끓인다.

② 국물이 끓기 시작하면 다시마를 건지고 15분간 약 불에서 끓인다.

③ ②의 국물을 면포에 걸러 맑은 국물만 받는다.

Just Write Here

2) 육류

(1) 육류의 사후경직과 숙성

동물은 먹이를 먹으면서 얻은 에너지를 ATP(아데노신 3인산)이라는 형태로 만들어 세포를 활동시키거나 근육을 움직이게 하는 동력원으로 하고 있다.

이 ATP가 도살 직후에는 아직 남아 있어 도살에 따른 근육의 수축과 함께 분해되어 없어지고, 매우 딱딱해진다. 이것이 '사후경직'이라 불리는 현상이다. 소는 도살된 후 대체로 1일, 돼지는 반나절이 지나면 사후경직이 최대가 되어 매우 질겨진다. 좀 더 시간이 지나면 경직이 풀리면서 점차 연화된다. 이것이 '숙성'되는 기간이다. 이 숙성 기간 중에 고기 속에 있는 산소가 고기의 성분을 분해하는 '자기소화'라는 현상을 일으키게 되어 고기가 다시 부드러워진다. 동시에 풍미 성분의 일종인 이노신산이 생기거나 단백질이 2~3개의 아미노산 덩어리로 분해됨으로써 맛도 좋아진다. 단, 시간이 너무 오래 경과하면 자기소화가 한층 더 진행되어 썩어 버리고 만다. 숙성과 부패는 종이 한 장 차이다. 소고기는 숙성을 위해 7~10일 정도 저온에서 보존한 후 시중에 판매된다. 돼지고기나 닭고기는 소고기에 비해 질기지 않아 숙성을 위해 보존하는 일은 거의 없고 유통과 판매 과정에서 숙성된다.

(2) 연육제

① 맥주

고기는 시간이 지나면 고기 속에 함유되어 있는 효소가

살 속의 조직을 분해하기 시작한다. 맥주에는 이 효소가 활동하기 좋은 환경을 만들어주는 효능이 있다. 연해질 뿐만 아니라 맥주에 함유된 감칠맛 성분으로 고기의 맛도 한결 더 좋아진다.

② 파인애플

탕수육이나 조림 등의 고기요리에 파인애플이나 파파야 등의 과일을 넣으면 고기가 연하고 맛있어진다. 파인애플에 함유된 단백질 분해효소가 고기의 단백질을 적당히 분해해 부드럽게 만들어 주기 때문이다. 특히 돼지고기 요리를 하기 전에 여러 가지 양념과 함께 미리 재어놓으면 부드러운 맛을 낼 수 있다.

③ 배 또는 키위

배를 강판에 갈아서 즙을 낸 다음 각종 양념장 재료와 함께 한두 시간 정도 재어두거나, 키위와 함께 재어 두면 연한 고기의 맛을 낼 수 있다.

④ 고기를 연하게 하는 비결

조리하기 전에 고기를 다져 얇게 만들거나 칼집을 넣어 근육섬유를 짧게 만드는 것은 수축으로 인한 변형을 막기 위해서이다.

고기의 근육은 대부분이 섬유로 되어 있어 40℃ 이상의 가열에 의해 수축되어 질겨진다. 또 단백질의 일종인 콜라겐은 물 없이 가열하면 1/3에서 1/4까지 줄어든다. 크고 두꺼운 고기를 사용하는 경우 한층 더 크게 변형되는데 이런 현상을 막기 위해 고기를 다지거나 칼집을 넣어두는 것이다.

· 양파, 키위, 파인애플 등을 갈아서 고기를 재운다.

· 푹 끓인다. 고기에 함유되어 있는 콜라겐이라는 단백질은 세 줄기의 가늘고 긴 분자가 모인 것인데 오랫동안 푹 끓이면 풀어져서 부드러운 젤라틴으로 바뀐다.

· 굽기 전에는 힘줄을 꼭 끊어준다. 힘줄이 많은 것도 고기를 질기게 하는 원인이다. 굵은 힘줄의 경우 칼로 그 섬유질을 잘라내고 두드려 주면 섬유가 잘려 부드러워진다.

· 식초, 와인에 담가둔다. 고기가 산성에 가까워져 수분을 유지하려는 힘이 강해지기 때문에 부드러워진다.

[표 3-5] 육류 및 어패류 고르는 법

쇠고기	선홍색이나 밝고 붉은 빛을 띠는 것이 좋다. 또 쇠고기 안에 섞여 있거나 붙어 있는 지방의 색깔이 하얀 색일수록 좋은 고기, 살코기 속에 마치 서리가 내린 것처럼 지방이 박혀 있는 고기가 맛있다.
돼지고기	연분홍빛을 띤 것이 좋다. 오래된 고기는 암적색, 부위에 따라 지나치게 짙은 색을 띠는 것은 질기고 맛이 없으며 고기 전체가 누런 것은 오래된 것. 지방의 색이 하얀색일수록 신선한 고기이며 적당히 끈기가 있어 썰 때 고기가 칼에 달라붙는 것이 좋다. 지방층이 붉거나 부분적으로 변색된 것, 물렁물렁한 것은 좋지 않다.
닭고기	고기가 단단하고 껍질막이 투명한 크림색을 띠며 윤기가 흐르는 것 그리고 털구멍이 울퉁불퉁 솟아 있는 것이 신선하다. 지방은 연한 노란색
생선	눈은 맑고 투명한 푸른색으로 광택이 있는 것이 좋다. 눈알의 형태가 흐트러져있거나 눈동자가 희뿌연 것은 좋지 않다. 아가미는 가장 부패하기 쉬운 부위이다. 신선한 아가미는 선홍색, 오래된 것은 갈색을 띤다. 아가미 결이 가지런하지 않고 갈라져 있다면 의심스러운 것 몸통은 한손으로 들었을 때 몸 전체에 팽팽한 탄력성이 느껴지면서 형태가 힘있게 유지되는 것이 좋다. 표피는 비늘이 빛나고 팽팽한 것 전체는 핏물이 별로 나지 않고 탄력이 있는 것

토막생선	탄력이 있고 살이 부서지지 않은 것. 자른 부분이 매끈매끈한 것. 비닐 팩에 핏물이 묻어나오지 않은 것. 공기에 잘 접촉하지 않도록 팩으로 포장된 것이 좋다. 표면이 빛나는 것은 부패균의 일종
새우	육질에 광택과 투명감이 있으며 껍질에 점액이 있는 것이 신선하다. 머리와 껍질이 몸통에 단단하게 붙어있어야 한다. 껍질이 벗겨지려는 새우는 좋지 않다.
게	손으로 들었을 때 묵직한 느낌이 나면서 삼각 껍질이 단단하게 닫혀 있는 것이 좋다. 다리가 심하게 덜렁거리는 것은 좋지 않다.
오징어	등 부분에 검은 반점과 광택이 있으며 눈이 튀어나와 있는 것. 그리고 몸이 둥글둥글한 것이 좋다. 육안을 보아 검붉은 색이 많은 것은 색소세포가 넓어져 붉은색이 짙어진 것이므로 좋지 않다.
조개류	입을 꽉 다물고 있으며 소금물에 넣으면 수관을 내미는 것이 신선하다. 껍질을 만지면 입을 다문다. 그러나 익은 뒤에도 조개가 닫혀있는 경우는 먹지 않는 것이 좋다.

[표 3-6] 소고기의 부위와 조리법

부위	조리법
목심	근육이 많고 질기다. 조림용으로 적합함
등심	적당한 마블링으로 부드럽다. 전골, 냄비요리 등 얇은 고기요리에 적합함
갈비	마블링에 지방이 섞여 중후한 맛이 난다. 쇠고기 오븐구이 혹은 스테이크에 적합함
채끝	부드럽고 지방이 적당하게 있다. 스테이크나 석쇠구이에 적합함
안심	지방이 적고 부드럽다. 스테이크나 버터구이에 적합함
우둔	상등의 붉은 살, 모든 요리에 잘 어울림
설도	결이 고운 붉은 살, 모든 요리에 잘 어울림
사태	근육이 많은 붉은 살, 수프를 만들면 풍미가 우러남
치맛살	약간 부드럽다. 덩어리로, 혹은 토막 내거나 얇게 썰어 사용함
양지	지방과 붉은 살이 번갈아 층을 이룬다. 다소 질기지만 풍미가 있다. 볶음이나 구이용으로 적합함

[표 3-7] 돼지고기의 부위와 조리법

부위	조리법
목살	약간 질긴 고기. 볶음밥 또는 육즙을 내는 데 사용
어깨등심	적당한 지방으로 진한 풍미가 있다. 조림에 적합함
등심	부드럽고 풍미가 좋다. 돈가스, 탕수육 등 다양하게 쓰임
안심	조직이 촘촘하고 부드러운 붉은 살. 안심 돈가스나 소테에 적합함
볼기살	다소 질기지만 풍미가 좋은 붉은 살. 볶음이나 소테에 적합함
뒷다리살	지방이 적은 붉은 살. 부드러워 다양한 요리에 이용됨
삼겹살	약간 질기지만 풍미와 감칠맛이 있다. 조림에 최적임

[표 3-8] 닭고기의 부위와 조리법

부위	조리법
가슴살	부드럽고 담백한 맛. 볶음이나 꼬치구이에 적합함
날개 살	젤라틴 질과 지방이 많다. 볶음과 튀김에 적합함
허벅다리 살	약간 질기지만 감칠맛이 있다. 조림이나 영계백숙에 적합함
연한 가슴살	지방이 적고 담백하다. 국이나 샐러드에 잘 맞음

[출처 : 맛있는 요리에는 과학이 있다, 아라후네 요시타가 외]

⑥ 돼지고기와 파의 조화

섭취한 당질의 양이 증가하면 그에 따라 필요한 비타민 B_1이나 B_2의 양도 증가한다. 비타민 B_1이나 B_2가 당질로부터 에너지를 이끌어내는 대사작용에 필요하기 때문이다. 몸이 나른하고, 쉽게 피로해지며, 식욕이 없는 것도 비타민 B_1의 결핍으로 나타나는 증상이다.

돼지고기에는 비타민B_1이 많이 함유되어 있어 돼지고기를 넣은 카레나 돼지고기 덮밥 등이 좋다. 또 마늘이나 파 종류는 비타민 B_1을 효과적으로 이용하는 데에 유용한 성분을 함유하고 있으므로 돼지고기를 넣은 카레에 마늘요리를 곁들이

거나 돼지고기 덮밥에 파를 넣은 것은 바람직한 요리법이다.

3) 어패류

어패류는 육류와 더불어 동물성 단백질의 주된 급원식품이다. 어패류는 육류에 비해 지질의 조성이 우수하나 불포화지방산 함량이 높아서 쉽게 산패하며, 조직이 연하고 세균의 오염을 받기 쉬워 신선도를 유지하는데 어려움이 있으므로 유통과정에 특히 주의를 기울여야 한다.

어패류는 척추동물인 어류와 부드러운 연체류, 딱딱한 껍질을 가진 조개류와 갑각류 등으로 분류된다.

(1) 어패류의 분류

① 어류

서식장소에 따라 해수어(바닷고기)와 담수어(민물고기)로 분류한다.

② 연체류

세계적으로 6만여 종이 있으나, 식용하는 것은 문어, 오징어, 꼴뚜기, 낙지 등 10여종에 불과하다. 몸이 부드럽고 마디가 없는 것이 특징이다.

③ 패류(조개류)

바지락, 백합, 대합, 꼬막, 우렁이 등이 이에 속하며, 딱딱한 껍질이나 가장 자리가 붙어 있는 딱딱한 두 개의 껍질 안에 근육조직을 가지고 있다.

④ 갑각류

새우, 꽃게, 대게, 털게, 왕게, 가재 등이 이에 속하며, 절족동물의 일종으로서 키틴질의 딱딱한 껍질에 자기 몸을 보호하며 껍질은 여러 조각으로 마디마디 구분되어 있는 것이 특징이다.

붉은살 생선의 보통육이 붉은 이유는

빨간 색소인 미오글로빈과 혈액색소인 헤모글로빈의 영향을 받기 때문이다. 또 붉은살 생선은 생선에게만 있는 근육조직인 혈합육이 매우 발달되어 있다. 혈합육은 혈액이나 미오글로빈이 특히 많고, 검붉은 색을 띠고 있다. 흰살 생선의 혈합육은 생선 비늘 아래에 조금 있을 뿐이고, 미오글로빈도 거의 없다.

생선살의 단백질도 고기 단백질과 같이 물에 녹기 쉬운 근형단백질, 물에 잘 녹지 않는 근원섬유단백질, 불용성 육기질단백질로 나누어진다.

근형질단백질은 가열 초기 단계에서는 물에 잘 녹아 생선에 포함되는 수분의 일부로 녹아 점착력을 가지게 되고 근섬유 사이를 고정하고 수축시킨다. 그 후 수축으로 튕겨진 수분이 밖으로 나오기 때문에 살이 팽팽해지고 단단해진다.

붉은살 생선은 30~50% 정도의 근형질단백질을 함유하고 있으며 근섬유 그 자체도 가늘기 때문에 가열하면 살이 팽팽해지고 가다랑어의 경우 딱딱하게 건조된다.

흰살 생선은 근섬유가 두껍고 근형질단백질은 20~30%로 적기 때문에 가열해도 근섬유를 연결하는 힘이 별로 없고 살이 흐트러져 엉킨 머리처럼 되기 쉽다.

생새우나 게를 데치면 적색이 된다

생새우나 게에 들어 있는 아스타크산틴은 카로티노프로테인이라는 단백질의 일부로 존재하고 있으며 검푸른 색을 띠고 있다. 그러나 가열하면 아스타크사닌은 카로티노프로테인과 분리됨과 동시에 공기에 의해 산화된다. 그에 따라 적색의 아스타신만 남아 표면이 선명한 적색으로 변하는 것이다.

생선이나 조개류의 점막제거방법

생선이나 조개류를 만지면 표면이 미끈미끈 할 때가 있다. 이러한 미끈함은 생선과 조개의 표면을 유지하기 위한 점막의 일종으로 생선과 조개의 세균과 더러움은 모두 이 점액에 달라붙는다. 뿐만 아니라 비린내의 원인이 되는 트리메틸아민 등도 점액 속으로 흡수된다.

이 점액을 제거하기 위해 생선과 조개의 표면을 씻어내지만, 물로 씻으면 쉽게 떨어지지 않는다. 그러나 이 점액은 소금물에 녹는 성질이 있어 생선과 조개를 씻을 때는 소금을 사용하면 좋다. 해수 정도(2~3%)의 소금물로 생선의 경우 그대로 씻고, 부드러운 조갯살은 소쿠리에 넣어 흔들어 씻어내면 좋다. 또 바다에 서식하는 생선과 조개의 체액은 해수의 농도와 비슷하여 해수에 가까운 농도의 소금물로 씻으면 침투압이 같아 풍미가 물에 녹지 않는 장점이 있다. 민물고기는 물론 민물로 씻어낸다.

생선에 소금을 뿌리면 생선요리의 완성도가 높아진다.

생선에 소금을 뿌리는 것은 밑간을 하기 위함은 물론이지만 더 중요한 이유가 있다. 그것은 생선요리의 밑손질로 생선에 직접 소금을 뿌리면 반투막이라고 불리는 세포 사이의 특수한 막을 통해 생선의 비린내가 밖으로 빠져나가기 때문이다.

소금을 뿌려 비린내가 빠진 생선은 소금과 같이 나온 물을 키친타월 등으로 닦아내고 소금구이를 하고 생선조림의 경우는 한 번 더 물로 씻는다.

생선에 소금을 뿌리는 것의 효과는 뿌린 소금은 생선 표면의 수분이 녹아 짙은 소금물이 된다. 세포 내부에서 이것을 옅게 하려고 침투압이 작용하여 내부의 수분을 끌어내기 때문에 살이 단단해져 그 뒤에 생선을 구워도 살이 부서지지 않게 된다.

또한 생선에 소금을 어느 정도 이상 뿌리면 소금이 단백질을 응고 시키는 작용을 하는 것이다. 밑손질로 소금을 사용한 생선을 구우면 소금의 작용으로 표면의 단백질이 빨리 굳어 내부의 맛 성분이 남아 있게 된다. 구운 생선에 소금을 뿌리는 것은 이 때문이다.

소금의 단백응고 작용에 있어 유의해야 할 것은 소금의 농도이다. 농도가 짙으면 단백질을 응고시키지만 농도가 옅으면 단백질이 식염수에 녹아 유출된다. 즉 역방향의 작용을 하는 것이다. 생선구이에 소금을 칠 때 소금이 하얗게 남을 정도로 많이 뿌리는 것은 그렇게 하지 않으면 단백질이 응고되지 않기 때문이다.

소금의 단백질 응고작용은 생선구이의 맛을 좋게 한다. 그러나 소금을 뿌리고 시간이 너무 지나면 역효과가 난다. 시간이 지나면 재료의 수분이 점점 밖으로 나와 맛도 수분에 녹아 빠져버리기 때문이다. 생선은 굽기 20분정도 전에 소금을 뿌리면 좋다.

고기의 경우는 생선보다 냄새가 없으며 가능한 맛의 유출을 억제해야 하고 살이 단단해지면 맛이 없기 때문에 굽기 직전에 소금을 뿌린다.

독특한 맛과 풍미의 발효식품 젓갈

젓갈은 어패류를 높은 농도의 소금에 절여 부패균의 번식을 억제하고, 어패류 자체의 효소와 미생물의 작용으로 육질을 분해시킨 독특한 맛과 풍미의 발효식품이다. 토막생선에 소금을 넣고 발효한 음식인 식해는 유기물, 즉 생선이 미생물에 의해 분해되는 현상을 이용한 식품이라는 점과 유해한 미생물의 번식을 막아 저장성을 높인 식품이라는 점에서는 젓갈과 같지만 발효의 결과로 생성되는 물질에는 차이가 있다.

젓갈의 원료로 쓰이는 생선의 단백질은 가수분해과정을 거쳐 소화흡수가 용이한 아미노산이나 핵산으로 분해되지만, 식해는 밥, 즉 녹말을 함께 발효시킴으로써 젖산과 같은 유기산을 추가적으로 생성해낸다. 젖산의 생성은 이를 분해하기 위한 유산균의 증가로 이어지며 유산균은 장내의 유해균 성장을 억제하고, 장운동을 촉진한다.

젓갈이나 식해의 원료가 되는 작은 생선의 뼈나 갑각류의 껍질은 숙성 중에 연해져서 칼슘의 좋은 급원식품이 되기도 한다.

젓갈은 종류와 상관없이 대부분 비슷한 제조과정을 거친다. 생선과 소금을 항아리에 눌러 담아 15℃ 안팎의 온도를 유지하며 약 1~3개월 동안 발효를 시키는 과정이 그것이다. 숙성과정에는 다양한 미생물과 물질들이 관여하는데 이 때 소금의 농도와 온도, 그리고 산도를 알맞게 조절해주는 것이 중요하다. 가령, 온도가 높으면 발효기간은 짧아지지만 그만큼 부패의 위험이 높아지며, 소금의 농도가 높으면 발효기간이 길어진다. 발효기간 동안 일정한 온도를 유지하는 것도 중요하다.

6. 밀가루 요리

밀은 인류 역사에서 가장 오래되고 널리 경작된 농작물 중의 하나이다. 밀의 75%는 밀가루로 만들어 제과, 제빵, 제면 등에 사용하며, 나머지 25%는 아침식사용 시리얼을 만들거나 동물의 사료, 밀배아 또는 밀배아 기름(소맥 배아유)를 만드는데 사용된다.

1) 밀의 분류

· 재배시기에 따라 '겨울밀'과 '봄밀'로 나뉘며 겨울밀은 경질밀로 단백질 함량이 많고, 봄밀을 연질밀로 단백질 함량이 적다.

· 색깔에 따라 '붉은 밀'과 '흰색 밀'로 나뉜다.

· 조직감에 따라 '경질밀' 또는 '연질밀'로 나뉘며, 경질은 단백질 함량이 13~14%정도이고, 연질밀은 단백질 함량이 8~9% 정도이다. 듀럼밀은 초경질밀로 단백질 함량이 경질밀보다 많고, 일반 밀과 생김새는 비슷하지만 성질이나 재배 환경은 전혀 다르다. 듀럼밀의 배아를 굵게 갈아서 만든 가루를 '세몰리나(semolina)'라고 하며 파스타용으로 적당하다.

· 제분에 따라 '전립 밀가루', '98% 밀가루', '85% 밀가루',

'72% 밀가루'로 나뉜다.

· 단백질의 함량에 따라 '강력분', '중력분', '박력분'으로 분류된다. 강력분은 경질밀로 만들고 글루텐의 점성과 탄력성이 커서 식빵, 페이스트리 제조에 적합하며, 박력분은 연질밀로 만드는데 글루텐의 점성과 탄력성이 약해서 케이크, 쿠키, 크래커 제조에 적합하다. 중력분은 강력분과 박력분의 중간 정도의 단백질 함량을 가지며 글루텐의 특성도 중간 정도이다. 다목적 밀가루라고 부르며 주로 가장에서 만드는 만두, 칼국수 등의 제조에 쓰인다.

2) 밀가루의 글루텐

밀가루의 종류에는 단백질과 관계가 있다. 밀가루에는 글루테닌과 글리아딘이라는 단백질이 함유되어 있으면 물을 넣어 반죽을 하면 탄력을 가진 글루텐(gluten)이 만들어진다.

반죽상태에서 글리아딘은 잘 늘어나는 점성을 나타내며, 글루테닌은 단단하고 강한 탄력성을 나타난다. 즉 글루테닌과 글리아딘이 물과 결합하여 3차원의 망상구조를 이루어 글루텐을 형성하며 글루텐은 오래 반죽할수록 질기고 탄성이 강해진다.

글루텐의 함량에 따라서 강력분, 중력분, 박력분으로 분류되며 쓰임새도 달라진다. 글루텐이 많은 강력분(12~16%)으로 만든 반죽은 탄력이 크고 단단한 성질이 있어 빵이나 파스타를 만드는데 쓰이며, 중력분(10~12%)은 우동이나 소면 등의 국수류, 박력분(8~10%)은 과자, 케이크, 튀김류를 만들 때 쓰인다.

[표 3-9] 밀가루(소맥분)의 종류

종류	글루텐 양	용도
강력분	13% 이상	빵, 마카로니
중력분	10~13%	국수류(면류)
박력분	10% 미만	튀김, 과자

3) 밀가루 제품

(1) 국수류

국수

밀가루 반죽을 얇게 밀어 면대를 형성한 다음 가늘게 자르거나 반죽을 압축하여 만든 것을 국수류라 하며, 국수의 종류에 따라 적당한 밀가루를 선택해야 한다.

· 우동과 소면 : 중력분

· 중화면 : 준강력분

(2) 파스타 : 세몰리나

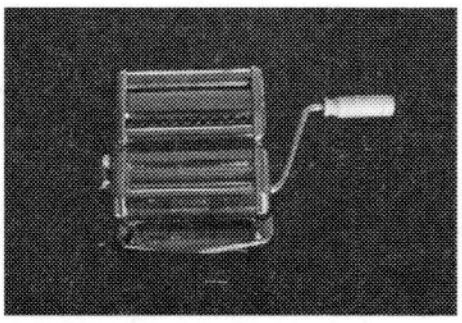

제면기

밀가루에 소금 2%, 물 30~35%를 넣고 충분히 글루텐을 형성하여 바로 잘라낸 것을 생국수라 하고, 생국수를 건조한 것을 건조국수하고 한다.

중화면은 탄산나트륨과 탄산칼륨의 혼합물인 알칼리제(간수)를 1~2% 첨가하여 글루텐 형성을 촉진하여 일반 면보다 탄력성이 강하고 잘 늘어난다.

(3) 이스트빵

효모를 넣어 부풀리는 빵으로 식빵, 하드롤, 소프트롤, 베이글, 피타 브레드, 피자껍질, 도넛 등 모양과 맛이 다양하다.

(4) 퀵브레드

효모 발효가 아닌 즉시 팽창할 수 있는 생물학적 팽창제(공기, 수증기)와 화학적 팽창제(베이킹 파우더)를 이용하여 구울 수 있는 제품을 말하며 비스킷, 머핀, 와플, 팬케이크 등이 있다.

(5) 케이크와 쿠키

가소성 고체지방의 유무에 따라 지방을 넣은 케이크인 버터케이크와 파운드케이크 등이 있으며, 지방을 넣지 않은 스폰지 케이크나 엔젤푸드케이크, 그 중간 형태인 시폰케이크가 있다.

쿠키는 케이크에 비해 물의 비율이 적고, 지방과 설탕의 비율이 높아 전분의 호화와 글루텐 형성이 거의 일어나지 않아 바삭바삭하고 연한 텍스쳐를 갖는다.

(6) 패스트리

패스트리는 고체 지방층으로 인해 바삭바삭한 켜를 이루어 연하고 표면이 연하게 갈색화된 제품이다. 지방은 녹아 도우에 흡수되어 패스트리의 향미와 연한 텍스처에 기여하므로 패스트리에서 지방은 가장 중요한 재료이다.

4) 밀가루의 조리

케이크

제분율은 제분할 때 밀의 총무게에 대한 밀가루의 무게비를 말하며 밀기울 함유 여부에 따라 정제한 밀가루와 정제하지 않은 밀가루로 분류한다.

5) 밀가루 반죽

밀가루 반죽은 첨가되는 재료에 따라 그 성질이 달라지는데, 주로 지방, 설탕, 소금, 팽창제에 의해 영향을 받는다.

(1) 지방

지방은 밀가루 반죽에서 글루텐 표면에 얇은 막을 형성하여 글루텐의 망상조직의 발달을 억제하여 연화시킨다.

(2) 설탕

설탕은 밀가루 반죽 시 물을 흡수하여 글루텐 형성에 이용되는 수분의 양이 부족하게 되므로 글루텐 형성을 억제한다. 그러므로 글루텐을 형성하기 위해서는 설탕을 첨가하지 않을 때보다 더 오래 반죽해야 한다.

설탕의 양이 너무 적으면 제품이 질겨지고, 설탕의 양이 너무 많으면 글루텐 형성이 정상적으로 안 되어 가열 시 기체가 팽창하여 제품 표면이 갈라지게 된다. 적당량의 설탕 첨가는 글루텐이 연화되면서 팽창제에서 생성된 기체로 인해 제품의 부피가 증가하게 된다.

(3) 소금

소금을 적당량 사용하면 글루텐의 강도를 높여 주고, 과량 사용하면 글루텐을 더욱 강화하여 제품이 질겨지게 된다.

6) 밀가루의 팽창제

밀가루 반죽에 팽창제를 첨가하면 기체를 생성하여 반죽을 구웠을 때 잘 부풀고 다공성의 조직감을 갖게 된다. 팽창제는 화학적 팽창제와 생물학적 팽창제로 구분한다.

파스타를 쫄깃하게 삶으려면

강력분으로 만들어진 파스타를 삶을 때에는 소금을 넣어 주면 맛이 좋아진다. 염분이 글루텐과 결합하여 파스타의 녹말이 뜨거운 물에 녹아나가지 않기 때문이다.

여럿이 먹는 라면이 맛있는 이유

라면을 한 그릇 끓여 먹어도 혼자서 먹는 경우와 여럿이 젓가락을 부딪치며 먹는 경우는 맛에 차이가 있다.

일반적으로 즐거움을 느낄 때 인간의 기분은 고조된다. 이때 뇌 속에서는 인간을 흥분시키는 도파민이라는 신경전달물질이 분비된다. 도파민이 충분히 분비되면 다음으로 세로토닌이라는 신경전달물질이 분비되어 뇌에 가득하게 된다. 그렇게 되면 기분이 안정되어 행복감을 느낀다. 바로 이 세로토닌의 증가가 가져다주는 행복감이 식사의 맛을 한층 높여주는 역할을 한다. 마음이 맞는 친구, 즐거운 화제, 행복감이 식사의 맛을 한층 높여주는 역할을 한다. 마음이 맞는 친구, 즐거운 화제, 혹은 음식 그 자체가 우리

7. 우유 및 달걀요리

우유

우유는 영양소의 균형이 우수한 완전식품으로 특히 단백질과 지질, 칼슘의 공급원이다. 우유는 영양이 풍부한 만큼 미생물이 번식하게 쉽다. 그렇기 때문에 우유를 안전하게 마실 수 있도록 가열 · 살균해서 판매한다.

우유에 압력을 가해서 작은 구멍으로 압출하여 지방구를 파쇄하는 균질화(homogenization) 처리를 하면 지방구가 세분되어 덩어리지는 성질이 없어지고 크림의 분리를 일으키지 않는다. 이와 같은 우유를 균질화 우유라고 한다. 시판되고 있는 우유은 균질화되어 있기 때문에 오래 방치해도 크림 분리를 일으키지 않는다.

시간이 더 지나면 우유에서 번식하기 가장 쉬운 유산균이 증가한다. 그리고 유산균이 우유에 함유된 유당을 이용하여 유산을 생산하기 시작한다. 유산은 산이기 때문에 증가하면 우유 전체가 산성으로 변하고 그 외에 미생물이 죽는다. 유당에서 유산이 만들어지는 과정을 '유산발효'라고 하는데, 유산발효가 더 진행되면 산으로 굳어지는 성질의 카제인이 굳어져 수분인 유청과 분리된다.

이와 같은 과정을 거쳐 우유가 굳어지는데 이 원리를 응용한 것이 요구르트이다. 요구르트는 청결한 우유에 유산균을 주입, 증식시켜 만든다. 치즈도 같은 방법으로 유산균을 사용하여 우유를 발효시키는데 동시에 효소도 첨가하여 발효와 응고를 촉진시켜 고형으로 만든 것이다. 우유를 원심 분리하여 비중의 차이에 따라 수분과 고형분으로 분리한 것이 생크림이고 생크림을 교반하여 수분을 더욱 뺀 것이 버터이다. 우유는 액상이지만 성분의 약 12%는 고형분이다.

1) 우유의 가공

(1) 발효유

젖산균이나 효모를 배양 · 발효시켜 제조한 젖산음료이다. 발효유의 대표적 제품은 요구르트이다.

(2) 크림

우유를 오래도록 방치하거나 원심분리 시 생기는 지방이 많은 부분으로, 유지방이 18% 이상인 것은 의미한다. 지방 함량이 20~25%인 커피크림과 40~45%인 휘핑크림, 30~36%인 포말크림으로 나눈다. 휘핑크림은 주로 과자의 제조 조리용으로 사용되고 생크림은 우유에서 분리한 지방분을 살균 · 냉각 처리한 것이며, 발효크림은 젖산균으로 발효시킨 것으로 사워크림이 여기에 속한다.

(3) 버터

우유에서 분리된 크림을 천천히 교반시켜 유지방구의 막을 파괴하여 유지방을 분리시키는데, 이 유지방만 모아 압착시킨 후 남아있는 수분을 분산시켜 유화상태로 만든 것이 '버터'이다.

(4) 치즈

치즈

우유의 단백질과 지방, 무기질, 비타민 등을 포함하고 있는 영양가 높은 식품이며, 쉽게 부패되지 않게 만든 저장식품이다. 치즈는 우유에 유산균을 첨가하여 발효시킨 후 레닛이나 응유효소를 작용시켜 파라카제인을 칼슘이온과 결합시킨 응고물인 커드(curd)를 응고한 것과, 카제인의 등전점을 이용하여 산을 첨가하여 카제인을 응고한 것이 있다.

자연치즈와 가공치즈

자연치즈는 유산균과 산소에 의해 우유로부터 고형성분을 추출한 것이다. 신선한 상태로 먹을 수 있는 것과 장기간 숙성시키는 것이 있다. 숙성 치즈는 유산균, 곰팡이, 세균 등의 미생물을 첨가해 일정 기간 숙성시켜 둔다. 이 숙성 기간 중에 첨가한 미생물의 작용으로 치즈의 성분이 변화하여 독특한 식감 및 풍미가 나온다.

자연치즈는 제조에 관계한 미생물이 살아 있는 치즈이다. 사용하는 유산균 및 곰팡이의 종류, 숙성 기간 등에 따라 외관 및 풍미가 달라 전 세계에 많은 종류가 있다. 숙성 기간이 짧고 수분을 많이 함유한 부드러운 치즈에는 크림치즈, 코티지 치즈, 카망베르 치즈 등이 있다. 숙성 기간이 길고 수분이 적은 단단한 치즈로는 고다 치즈 에담 치즈, 에멘탈 치즈 등이 있다.

한편 가공 치즈는 두 종류 이상의 자연 치즈를 고온의 열로 녹여 섞은 것이다. 일반적으로 고다 치즈나 체다 치즈를 혼합하는 경우가 많으나 최근에는 카망베르 치즈나 블루 치즈를 혼합한 것도 있다.

(5) 가당연유

탈지우유 또는 보통 우유를 진공농축기에서 농축시켜 고농도의 설탕을 첨가하여 만들어진 제품이다. 무당연유는 설탕을 첨가하지 않고 멸균한 제품이며 제과, 아이스크림의 원료로 사용하며, 무당연유는 커피크림, 유아용, 제과용으로 사용한다.

(6) 분유

우유, 탈지유를 농축 · 건조시켜 분말로 만들어 저장과 수송이 편리하게 한 것이다. 탈지분유, 전지분유, 조제분유, 분말유청 등이 있다.

비린내 없애려면 우유에 재운다

우유에 함유된 단백질은 그 대부분이 카제인이다. 카제인은 우유속에서 직경 0.1~0.2㎛ 정도의 작은 알갱이로 존재하며 그 알갱이는 직경 0.001㎛ 정도의 더 작은 알갱이가 모여서 생긴 것이다. 카제인은 작은 알갱이가 모여서 생긴 것이므로 약간의 빈틈이 있다. 이 빈틈에 수분이 들어가기 때문에 카제인의 알갱이는 보수성이 높다. 우유의 지방 또한 이와 같이 지방 알갱이가 모여서 생긴 것이다. 이처럼 우유는 빈틈이 많은 알갱이들로 구성되어 있어 다른 분자를 잘 끌어 모은다. 그렇게 때문에 비린내 분자도 흡수하게 되는 것이다.

응유효소와 레넷

치즈는 유산균이나 응유효소를 이용해 우유를 응고시킨 식품으로 단백질, 칼슘, 비타민과 인체에 필수적인 미네랄 성분 등이 우유의 8~10배 정도 농축되어 있는 뛰어난 발효식품이다.

우유를 굳히기 위해서는 유즙 속의 단백질을 분해하는 응유효소인 레넷(rennet)이 필요하다.

천연치즈 중에서도 손쉽게 만들 수 있는 코티지 치즈 만드는 법은 레넷 대신 레몬즙이나 식초의 산을 사용할 수 있다. 이 방법으로 만들면 우유 특유의 맛과 향에 신맛이 가미되어 흔히 먹는 치즈에는 없는 산뜻한 맛을 지닌 치즈가 된다. 단 보존성은 떨어지기 때문에 냉장고에 보관하고 빨리 먹어야 한다.

푸딩을 만들 때는 우유는 설탕을 넣은 후에 넣는다.

푸딩을 만들 때는 단백질을 부드럽게 응고시키는 설탕의 성질을 이용한다. 계란을 잘 풀고 설탕을 섞은 다음에, 우유를 데워서 넣는다. 이렇게 만들면 부드러운 식감의 푸딩이 된다. 따뜻한 우유를 넣어도 바로 응고되지 않는 것은 설탕이 있기 때문이다.

2) 달걀

달걀

달걀은 양질의 단백질과 인, 철 등의 무기질, 비타민 A, B복합체 및 D 등의 비타민 함량이 높은 영양적으로 우수한 식품이다. 달걀의 구조는 난각, 난각막, 난백(달걀흰자), 알끈, 난황으로 구성되며 단단한 난각 속에 두 개의 막이 있으며, 그 안에 난백이 있고 중심에 난황이 자리잡고 있으며 알끈에 의해 연결되어 고정된다.

3) 달걀의 가공품

(1) 액상란

액상전란은 제과제빵 및 단체급식의 원료로, 액상난백은 제과, 어묵, 소시지 및 음료제조용 원료로, 액상난황은 마요네즈, 제과, 면류, 이유식 등에 사용된다.

(2) 냉동란

냉동시 난백은 변화가 거의 없으나, 난황은 변성되어 점도가 증가하므로 5~10%의 소금, 설탕, 글리세린 등을 첨가시켜 냉동한다. 냉동란은 제과제빵용으로 이용된다.

(3) 분말란

분말란은 수분함량이 5% 이하로 저장성이 좋고 가벼워 운반시 편리하나, 갈변현상과 산패취가 나고, 용해도, 응고성, 기포성이 저하되는 것이 단점이다. 건조전에 당 제거 또는 산성화처리로 방지할 수 있다. 제과원료, 케이크믹스, 제면원료로 사용된다.

(4) 훈제란

삶은 달걀의 난각을 제거하고 조미액에 담구었다가 훈연시킨다. 특유의 향이 있고 저장성이 좋다.

흰자는 거품이 생긴다

단백질 용액은 강하게 휘저으면 거품이 일어난다. 휘저으면 공기가 용액 속으로 들어가 표면장력이 낮아지고 넓게 퍼져 얇은 막을 형성한다. 이때 공기를 감싸게 되는데 공기에 닿는 단백질 분자가 부분적으로 변화되고 막이 두꺼워져 안정되기 때문이다. 흰자의 주성분은 수분과 단백질인데, 그 상태에서 또 한 번 분자가 서로 섞이면 점성이 있기 때문에 휘저었을 때 거품이 난다. 흰자의 막은 단백질 분자가 변성해서 생긴 고체의 막이기 때문에 거품이 안정되어 있다. 이런 안정성 때문에 머랭 혹은 마시멜로 등의 과자 재료로 다양하게 이용되고 있다. 지방이 있으면 막에 흡착되어 불안정해지므로 지방이 함유된 노른자에서 생긴 거품은 안정성이 없다.

1. 스크램블 에그

만드는 법

① 달걀은 껍질을 깨서 흰자와 노른자를 잘 섞는다.

② 버터를 팬에 넣고 녹인 후 달걀을 넣고 낮은 온도에서 나무젓가락으로 계속 휘저어 준다.

③ 달걀이 되직해지면 생크림과 소금을 섞어 넣는다.

재료

계란 3개, 버터 15g, 생크림 15 ㎖, 소금 1.5g

Just Write Here

2. cottage cheese와 카프레제

재료

우유1ℓ, 레몬 1개, 토마토 1개, 바질 약간

드레싱

올리브오일 2큰술, 발사믹 식초 1큰술, 소금 약간

cottage cheese 만들기

① 우유1ℓ를 냄비에 넣고 70 ~ 80℃까지 가열한다.

② 우유에 잔거품이 생기면 소금, 레몬즙(또는 식초)를 넣어 멍울이지며 응고가 되도록 한다.

③ 우유가 순두부처럼 응고되면 체에 소창을 깔고 물기를 뺀다.

④ 물기가 빠지면 응고된 치즈를 둥근 용기에 넣어 굳힌다.

샐러드 만들기

① 만들어 놓은 치즈를 약 1㎝ 두께로 반달모양으로 썬다.

② 토마토는 1㎝ 두께로 반달모양으로 썬다.

③ 바질은 적당히 다져 놓는다.

④ 발사믹 식초와 올리브오일, 소금을 넣어 섞어주고 다진 바질을 넣어 드레싱을 만든다.

⑤ 토마토→ 치즈→토마토→치즈 순으로 담고 만들어 놓은 드레싱을 뿌려준다

8. 유지 요리

유지류는 식물의 열매, 동물의 지방조직 등에 널리 분포되어 있으며, 에너지원이 되며, 세포막 구성과 생리조절물질인 프로스타글라딘의 전구체 등의 역할을 하는 필수지방산의 공급원 및 지용성 비타민의 용매로 작용한다. 또한 유지는 조리 시 부드러운 맛과 향미를 부여하며 열 전도체로서 작용한다.

[표 3-10] 식물성 유지의 종류와 사용법

명칭	원료	특징	사용
참기름	참깨	고소한 풍미와 감칠맛이 있고 색은 투명한 갈색	튀김보다는 볶음, 무침 등 풍미를 더하기 위해 사용됨
미강유	쌀겨	풍미가 무난하고 산화, 열에 강함	튀김, 스낵과자 등의 가공
옥수수유	옥수수 씨눈	열게 강하고 산화되지 않아 맛이 변하지 않음	드레싱과 마요네즈, 볶음과 튀김
홍화씨유	홍화 종자	담백한 풍미로 혈중 콜레스테롤증가를 막는다고 알려진 리놀레산과 올레인산을 많이 함유함	드레싱과 샐러드 등의 생식
대두유	대두	감칠맛과 풍미가 있고 투명함	다른 기름과 섞어 튀김 기름과 샐러드유의 원료가 됨
카놀라유	유채 꽃씨	리놀레산과 올레인산이 많고 산뜻함	튀김과 샐러드 등 튀김기름의 원료
목화씨유	목화 종자	부드럽고 산화, 열에 강함	튀김 등의 튀김 통조림등의 가공
올리브유	올리브 과실	특이한 향과 맛이 있음	이탈리아 요리, 스페인 요리
샐러드유	몇 개의 기름을 혼합한것	산뜻한 식감과 투명한 색	어떤 요리에도 사용할 수 있음

[출처 : 맛있는 요리에는 과학이 있다, 아라후네 요시타가 외]

1) 동물성 유지

(1) 버터

우유에서 분리된 유지방의 크림을 가열하여 살균과 라이페이즈를 불활성화 시킨 후 교반과정을 거쳐 유장을 제거한 지방 80%, 수분 16%, 우유 고형질 4%로 구성된 유화액이다.

(2) 라드

돼지지방을 수증기나 건열로 추출하여 정제시킨 지방이다. 질이 좋은 라드는 색이 희고 냄새가 나지 않은 것으로 복부부위에서 얻어진 지방이 이에 속한다.

(3) 어유

어유는 대부분 불포화 지방산을 많이 함유하여 상온에서 액체를 이룬다. 특히 EPA나 DHA 같은 ω −3계열 다가불포화지방산을 많이 함유하고 있어 관상심장질환을 감소시키며 뇌세포 구성물질로 관심을 받고 있다.

2) 가공유지

(1) 마가린

버터 대용으로 사용하기 시작한 것으로, 버터와 비슷하게 약 85%의 지방과 약 15%의 수분으로 구성된 유중수적형 유화액이다. 마가린은 대두유, 옥수수유 등 식물성 유지를 원료로 하여 탈취 정제한 후 원하는 정도만큼 수소화시켜 경화를 이룬 다음, 유화제, 비타민 A, 비타민 D, 버터향을 위한 다이아세틸, 탈지고형분, 색소, 소금을 혼합하여 교반시켜 만든다.

마가린은 가격이 저렴하나 트랜스지방산이 문제로 제기되고 있다.

(2) 쇼트닝

라드의 대용품으로 식물성 유지를 이용하여 수소화시켜 경화하여 튀김용으로 널리 사용하고 있으나 트랜스지방산이 생성되므로 주의가 필요하다.

쇼트닝의 특징은 무색, 무미, 무취이며 작용은 쇼트닝성, 크리밍성이 뛰어나 빵, 쿠키, 케이크 등 제빵과 제과에 널리 이용되고 있다.

(3) 마요네즈 드레싱

마요네즈가 주재료인 드레싱은 처음부터 모든 재료가 유화되어 있으므로 익힌 채소에 뿌려도 금방 분리되거나 스며들지 않고 채소를 부드럽게 감싸준다.

그러나 마요네즈도 열에는 약하다. 만들 때에도 16~18℃가 아니면 제대로 유화되지 않고, 보관할 때도 30℃를 넘으면 분리되기 시작한다.

그러므로 감자 등 익은 채소에 뿌릴 때는 적당히 식힌 후에 넣어야 한다. 그렇지 않으면 감자의 열에 의해 식용유가 분리되는 현상이 나타난다. 감자의 전분은 수분을 흡수하기 쉬운 상태이므로 식용유와 분리된 식초를 바로 빨아들인다.

다양한 마요네즈

마요네즈에 피클, 양파, 삶은 달걀, 파슬리 등을 다져 넣으면 타르타르소스가 된다. 많은 재료가 들어가기 때문에 소스만으로도 영양가가 높다. 원래는 마요네즈 자체도 마요네즈소스라고 불리는 소스의 한 종류이므로 이것을 기본으로 하여 맛을 낸다. 새우 칵테일에 사용하는 칵테일소스도 간단히 만들 수 있다. 마요네즈 200cc에 케찹 한 큰술, 굴소스와 레몬 엑기스를 약간씩 넣어 잘 섞은 다음 소금과 후추를 넣으면 칵테일소스가 완성된다. 이것을 양상추 샐러드에 뿌리면 이것만으로도 일품요리이다. 생크림을 마요네즈의 삼분의 일 정도로 섞어 크림마요네즈소스로 만들면, 과일 샐러드에 어울린다. 잎사귀 채소를 믹서로 갈아서 마요네즈에 섞은 초록빛깔의 그린 마요네즈 소스를 흰살 생선찜에 뿌려주면 세련된 요리가 완성된다.

(4) 튀김

튀김은 짧으면 1~2분, 길어도 5분 정도면 맛이 결정된다. 저온 상태가 3분 이상 계속되면 본래의 맛을 잃고 만다. 재료에 따른 튀김의 온도를 보면 깻잎, 피망 등 선명한 녹색 채소는 160℃, 고구마, 연근, 가지, 표고버섯 등 수분이 적은 채소는 170℃, 새우, 오징어, 보리멸 등의 어패류는 180℃가 적당하다.

수제 고추기름 만들기

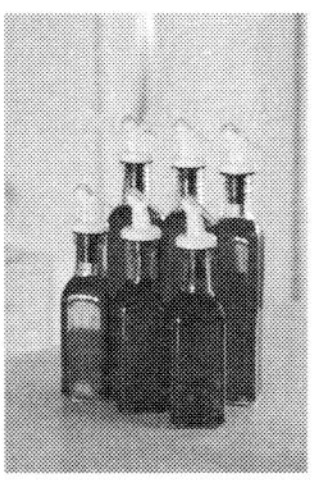

고추기름

고추 4~5개를 둥글고 얇게 썬 후, 고추씨까지 모두 병에 담는다. 거기에 진피(귤 껍질)와 말린 생강을 넣고 60℃ 정도로 가열한 참기름을 붓는다. 일주일 정도 두면, 고소한 향이 풍기는 수제 고추기름이 완성된다. 너무 매울 것 같으면 고추를 건져내면 된다. 그대로 놔두면 점점 더 매워진다.

1. 마요네즈

재료

달걀 1개, 식용유 200ml(카놀라류, 해바라기유, 포도씨유), 소금 1/4작은술, 식초 1작은술

만드는 법

볼에 달걀을 깨뜨려 넣고 소금도 넣고 식용유를 조금씩 넣어가며 거품기로 충분히 저어 오일이 분리되지 않게 섞는다. 중간에 식초를 넣어준다.

핸드믹서나 브랜더를 이용할 수 있다.

2. 올리브유 드레싱

재료

올리브유 3큰술, 화이트 와인 식초 1작은술, 소금 1/4작은술, 후춧가루 약간

만드는 법

볼에 화이트 와인 식초, 소금, 후춧가루를 담고 올리브유를 조금씩 흘려 넣어가며 충분히 저어 오일이 분리되지 않게 섞는다.

3. 발사믹 드레싱

재료

발사믹 글레이즈 2작은술, 올리브유 2큰술, 다진 양파 1작은술, 다진 마늘 1/2작은술, 꿀 1/2큰술, 소금 1/3작은술, 바질잎 2장

만드는 법

바질 잎은 잘게 다져 나머지 재료와 고루 섞는다.

Just Write Here

9. 버섯류 및 두류

1) 버섯류

버섯류는 균류에 속하는 것으로 포자형성 방식에 따라서 담자균류와 자낭균류로 구분되며 자실체가 비대하여 갓 모양을 이루고 있다. 버섯류는 곰팡이, 효모와 같은 종류로써 고등식물과 달리 엽록소가 없기 때문에 광합성을 하지 못하여 다른 유기물에 기생하여 필요한 영양분을 섭취한다.

[표 3-11] 버섯류의 종류

구분	종류
식용버섯	느타리버섯, 표고버섯, 송이버섯, 양송이 버섯, 팽이버섯, 목이버섯, 싸리버섯, 능이버섯, 만가닥버섯, 노루궁뎅이버섯, 잎새버섯, 망태버섯, 먹물버섯, 벚꽃버섯, 큰갓버섯
약용버섯	영지버섯, 상황버섯, 선령버섯(아가리쿠스), 동충하초, 장수버섯, 구름버섯
독버섯	갈색고리버섯, 개나리광대버섯, 독우산광대버섯, 두엄먹물버섯, 마귀광대버섯, 붉은 싸리버섯, 삿갓외대버섯, 화경버섯

[출처 : 기초 식품학, 남궁석, 허경택, 오순덕, 김소미, 이재우, 광문각, 2006]

말린 표고버섯은 한 시간에서 두 시간 정도만 지나면 충분히 불지만, 그 이상 담가두면 말린 표고버섯의 감칠맛이 모두 빠져나간다. 즉, 표고버섯을 담가 두었던 물은 맛을 내는 국물이 되는 반면 표고버섯은 빈 껍데기가 되어 버린다.

그러므로 말린 표고버섯을 물에 불렸다면 그 물도 요리에 이용하는 것이 좋다. 졸이거나, 다시마 우린 물과 섞어 쓸 수도 있고, 묽은 국물도 사용할 수도 있다.

말린 표고버섯을 빨리 불려야 할 때에는 따뜻한 물을 사용하면 좋다. 물에 불릴 때 알맞은 온도는 20~40℃ 사이이다. 물의 온도가 10℃라면 불리는 데는 40분 정도가 걸리지만, 20℃에서는 20분 정도면 충분하다. 하지만 물의 온도가 50℃를 넘으면 표고버섯이 열에 의해 변질되어 수분을 제대로 흡수하지 못한다. 참고로 말린 표고버섯을 물에 불린 후에는 열을 가하는 조리를 해도 변질되지 않는다.

표고버섯의 감칠맛 성분이 물에 우러난다

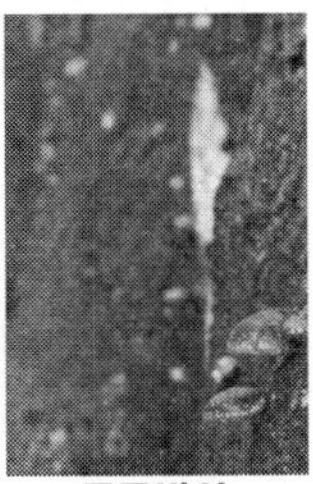
표고버섯

표고버섯 요리

따뜻한 물에 설탕을 조금 넣어준다. 그렇게 하면 물을 빠르게 흡수시키면서도 감칠맛이 빠져나가는 것을 막을 수 있다. 이것은 맹물보다 설탕물의 삼투압이 높아서 표고버섯 내부와의 삼투압 차이가 적어졌기 때문이다.

표고버섯에 설탕 맛이 스며들 수도 있지만 맛을 크게 해치지는 않는다. 표고버섯을 조릴 때는 표고버섯에 스며든 당분이 감칠맛을 잡아두기 때문에 오히려 도움이 된다.

말린 표고버섯의 감칠맛 성분인 구아닐산은 생 표고버섯에는 거의 없다. 건조 과정에서 표고버섯에 있는 핵산이 효소에 의해 분해되어 구아닐산이 되는 것이다. 이 때문에 말린 표고버섯은 맛도 영양도 모두 생 표고버섯보다 뛰어나다.

구아닐산은 그 자체로는 그렇게 감칠맛이 강하지 않지만, 글루타민산 나트륨이 풍부한 다시마 등과 함께 요리하면 훨씬 맛있어진다.

말린 표고버섯을 요리하는 과정에서도 구아닐산을 늘릴 수 있다. 불린 표고버섯을 요리할 때 강한 불에서 한 번 익히지 말고 50~70℃ 사이의 온도를 유지하면서 중간 불에서 천천히 가열한다. 그 과정에 효소가 작용하여 남아있던 핵산을 분해하기 때문에 감칠맛이 강해지는 것이다.

말린 표고버섯은 건조하는 방식에 따라서 물에 불어나는 정도나 감칠맛의 정도가 다르다. 표고버섯은 섬세한 조직으로 되어있는데, 건조시킬 때 50℃ 이상의 열을 가하면 조직이 변질되기 때문이다. 고온건조에서 건조시키는 것이 경제적인 효율은 좋을지 모르지만 풍미는 그만큼 줄어든다.

2) 두류

두부요리

두류는 양질의 단백질과 지질의 중요한 공급원이다. 두류의 종실은 종피, 배아, 자엽으로 구성되어 있으며, 종실의 88~90%를 차지하는 자엽이 가식부이다. 두류에는 대두, 강낭콩, 녹두, 리마콩, 완두, 잠두, 팥 등이 있다.

두류는 종류에 따라 구성성분에 차이가 있다. 즉 대두와 땅콩은 단백질과 지질 함량이 높으며, 강낭콩, 녹두, 동부, 완두, 적두 등은 지질이 거의 없고 탄수화물과 단백질 함량이 높다. 한편 날개콩, 풋완두, 풋콩 등은 채소처럼 수분과 비타민 C 함량이 높다.

3) 콩을 이용한 발효식품 및 가공식품

(1) 간장

간장은 콩을 주원료로 하여 밀, 쌀 등의 곡류를 삶아서 코지균을 배양하여 당화시키고 소금을 넣어 발효, 숙성시켜 얻는 액상조미료이다. 즉, 아미노산에 의한 구수한 맛, 당분에 의한 단맛, 소금에 의한 짠맛 그리고 여러 가지 유기성분에 의한 향기와 색이 잘 조화되어 있다.

(2) 된장

대두, 쌀, 보리, 밀 또는 탈지대두 등을 주원료로 하여 식염, 종국을 섞어 제국하고 발효 · 숙성시킨 것 또는 콩을 주원료로 하여 메주를 만들고 식염수에 담가 발효하고 여액을 분리하여 가공한 것을 말한다. 숙성 중 된장에 있는 코지, 곰팡이, 효모 그리고 세균 등의 작용으로 된장은 독특한 맛과 냄새를 가진다.

(3) 고추장

고추장은 녹말이 가수분해되어 생성된 단맛, 메주콩의 단백질 가수분해물인 아미노산의 구수한 맛, 고춧가루의 캡사이신에 의한 매운맛, 소금의 짠맛이 조화된 것으로, 두류 또는 곡류 등을 제국한 후 여기에 덧밥, 고춧가루, 식염 등을 혼합하여 발효 또는 당화하여 숙성시켜서 만든다.

(4) 청국장(담북장)

콩의 발효식품 중에서 가장 빠른 시간, 보통 3일이내에 만들어지는데, 저장성이 적기 때문에 과거에는 주로 가을에서 초봄에 이르는 기간 동안에 소량씩 만들어 섭취해왔다. 청국장의 제조방법에는 재래식과 개량식으로 구분하는 경우가 있는데, 재래식은 볏짚 등에 들어 잇는 야생의 균을 이용하여 발효시키는데 반하여 이 균을 순수 배양하여 이용하는 것을 개량식이라 한다.

(5) 두부

두부는 대두를 충분히 불린 후 마쇄, 여과하여 얻은 두유에 응고제를 넣어 대두의 주 단백질인 글리시닌을 응고, 성형 한 것으로 생추출법과 가열추출법이 있다. 생추출법은 수침한 콩을 마쇄, 여과하여 얻은 두유를 가열한 후 응고제를 첨가하여 응고, 압착, 성형하여 두부를 만들며, 가열추출법은 콩즙을 가열한 후 여과하여 분리한 두유에 응고제를 첨가하여 응고, 압착 성형하여 두부를 만든 것이다. 두부제조에는 여러 종류의 응고제가 사용되며, 응고제의 종류에 따라 두부는 다른 특성을 나타낸다. 일반적으로 두유의 가열온도가 높고 응고제의 양이 많을수록 단단한 두부가 만들어진다. 두부 제조 시 사용되는 간수는 바닷물에서 염화나트륨을 결정화시킨 후 남은 여액으로 염화마그네슘, 황산칼슘, 황산마그네슘 등이 주성분이다.

가공법에 따라, 보통두부, 순두부, 건조두부, 연두부, 튀김두부, 포두부 등 다양하다. 일반두부는 압력을 가해 수분을 제거하는 과정이 들어가서 단단한 식감이 있다. 영양면에서는 단백질, 칼슘, 철, 비타민 E등이 많다. 연두부는 부드러우며 수용성 비타민B_1이 풍부하다.

(6) 비지

두부를 만들기 위해 두유를 제거하고 남은 것으로 콩물을 가열하기 전에 여과하여 얻은 생비지와 콩물을 가열한 후 분리한 온비지가 있다. 비지에는 단백질은 많이 함유되어 있지 않으나 섬유질이 함유되어 있어 독특한 질감을 나타내며 비지찌개를 만들어 먹는다.

Chapter 4

재미있는 요리의 실제

1. 소고기버섯불고기

재료

소고기(불고기용) 400g, 생 표고버섯 4개, 새송이버섯 1개, 느타리버섯 10개, 양파 1/3개, 대파 1/4뿌리

불고기 양념

간장 4큰술, 설탕 1큰술, 양파즙 4큰술, 배즙 3큰술, 매실청 2큰술, 맛술 2큰술, 다진 마늘 1큰술, 참기름 1/2큰술, 후춧가루 1/3작은술

만드는 법

① 소고기는 키친타올이나 깨끗한 면보로 핏물을 뺀다.

② 표고버섯은 흐르는 물에 살짝 씻어 물기를 없애고 밑동을 떼어낸 다음 채 썬다.

③ 새송이버섯과 느타리버섯도 밑동을 제거한 다음 표고버섯과 같은 크기로 썬다.

④ 양파는 채썩로 대파는 어슷썬다.

⑤ 불고기 양념 분량의 재료를 고루 섞어 양념을 만든다.

⑥ 소고기에 불고기 양념을 넣어서 15분 정도 재운다.

⑦ 팬에 양념에 재운 소고기를 볶다가 버섯을 넣고 숨이 죽도록 볶는다. 채 썬 양파와 어슷 썬 대파를 넣어 좀 더 볶은 뒤 그릇에 담는다.

2. 돼지고기 김치밥

재료

멥쌀 1컵, 밥물 1컵, 묵은 김치 200g, 돼지고기 100g, 설탕 1작은술, 참기름 1작은술, 다진 파 1작은술, 다진 마늘 1/2작은술, 맛술 1작은술

양념장

간장 2큰술, 물 2큰술, 맛술 1큰술, 설탕 1작은술, 참기름 1작은술, 통깨 1/2작은술

만드는 법

① 멥쌀은 깨끗하게 씻어 30분정도 물에 불렸다가 체를 받쳐 물기를 뺀다.

② 묵은 김치는 소를 대강 털어내고 물기를 짠 다음 송송 썰어 설탕, 참기름에 버무린다.

③ 돼지고기는 먹기 좋은 크기로 썰어 다진 파, 다진 마늘, 맛술에 재운다.

④ 솥을 달군다음, 참기름을 두르고 돼지고기를 넣어 볶다가 반쯤 익으면 묵은 김치를 넣고 볶는다.

⑤ 볶은 돼지고기와 김치 위에 쌀과 밥물을 붓고 밥을 짓는다.

⑥ 양념장을 만들어 돼지고기 김치밥과 곁들인다.

3. 참치 오니기리

재료

밥 250g, 참치 통조림1/2컵, 단무지 100g, 마요네즈 1큰술, 설탕 1작은술, 후추 약간

만드는 법

① 참치 통조림은 체에 받쳐 기름을 빼고 살만 준비한다.

② 단무지는 다진다.

③ 참치와 단무지에 마요네즈, 설탕, 후추을 넣고 잘 버무린다.

④ 손에 소금을 묻힌 다음 밥 속에 3을 넣어 동그랗게 뭉친다.

⑤ 동그랗게 만든 밥 위에도 3을 약간 올린다.

4. 돈부리

스키야키 덮밥

쇠고기로 만드는 일본식 돈부리로 일품요리로 만들어 먹을 수 있는 음식이다.

돈부리는 큰 그릇에 밥을 담고 그 위에 여러 가지 재료를 얹어서 먹는 일본식 덮밥이다.

재료

쇠고기(샤브샤브용)130g, 양파 1/2개, 대파 1/2대, 식용유 적당량, 두부 1/2모, 다시물 300㎖, 달걀 1개, 밥 2공기

만드는법

① 쇠고기는 한 입 크기로 자른다.
② 양파는 채 썰고, 대파는 4㎝ 길이로 자른다.
③ 두부는 면보에 싸서 무거운 것으로 눌러 물기를 뺀 다음 손가락 크기로 자른다.
④ 달군 팬에 식용유를 두르고 두부를 노릇한 색이 나도록 지진다.
⑤ 대파도 살짝 볶아 그릇에 덜어 둔다.
⑥ 팬을 달궈 식용유를 두르고 양파를 볶다 숨이 죽으면 다시 물, 조미간장, 쇠고기를 넣고 한소끔 끓인다.
⑦ ⑥에 두부, 대파, 달걀을 넣고 달걀이 70% 정도 익을 때까지 끓인다.
⑧ 따뜻한 밥 위에 ⑦을 올리거나 곁들여 낸다.

조미간장

청주 2큰술, 맛술 2큰술, 설탕 3큰술, 간장 $5\frac{1}{2}$큰술

5. 오꼬노미야끼

오코노미야키(お好み焼き)는 밀가루 반죽에 고기, 오징어, 양배추, 달걀 등 원하는 재료를 넣고 철판에서 구운 후 오코노미야키 전용 소스와 마요네즈를 바르고 가츠오부시를 뿌려 먹는 요리이다. 오코노미야키는 1923년경에 도쿄에서 처음 등장하였으나 오늘날에는 오사카의 대표 요리로 알려져 있다

재료

양배추 1/5개, 베이컨 4줄, 토핑용 마요네즈, 가쓰오부시 적당량

만드는 법

① 볼에 박력분, 달걀, 물, 소금을 넣고 덩어리 지지 않도록 곱게 풀어 잘 섞는다.

② 양배추는 채 썰고, 베이컨도 적당한 길이로 썬다.

③ ①의 반죽에 ②의 재료를 넣고 고루 섞는다.

④ 팬에 기름을 넉넉히 두르고, 반죽을 넣고 부친다.

⑤ 뒤집어 뚜껑을 덮어 속까지 천천히 익힌다.

⑥ 접시에 오꼬노미야끼를 담고 윗면에 마요네즈를 뿌리고, 가쓰오부시를 올려준다.

반죽

박력분 75g, 달걀 1개, 물 200㎖, 소금 약간

6. 달걀채소만두

재료

부추 35g, 호박 1/2개, 달걀 3개, 소금 약간, 간장 2작은술, 설탕 1작은술, 참기름 1/2작은술, 만두피, 식용유 적당량씩

밀가루 부침물

밀가루 2작은술, 물 1/2컵

만드는 법

① 부추는 송송 썰고, 호박은 얇게 채 썬다. 달걀은 소금을 약간 넣고 잘 푼다.

② 달군 팬에 식용유를 두르고 채 썬 호박을 볶는다.

③ 팬에 식용유를 두르고 달걀을 넣고 부드럽게 볶는다.

④ 볶은 호박과 달걀, 부추, 간장, 설탕, 참기름을 골고루 섞어 만두속을 만든다.

⑤ 만두피에 만두소를 넣고 빚는다.

⑥ 달군 팬에 식용유를 두르고 만두를 넣은 후 뚜껑을 닫고 굽다가 만두가 거의 다 익으면 밀가루 부침물을 부어 얇게 깐다. 중간 불에서 타닥타닥 소리가 날 정도로 바삭하게 굽는다.

7. 마파두부

사천요리 중 가장 대표적인 요리로 기름 두른 팬에 파, 마늘, 두반장을 넣어 볶다가 큰 깍두기 모양의 두부를 넣고 전분으로 걸쭉하게 어우러지도록 만든 매콤한 요리이다.

노파라는 뜻의 '마파'는 이 요리로 유명한 할머니의 얼굴이 곰보였기 때문에 지어진 이름이라고 한다.

재료

두부 1모, 다진 돼지고기 100g, 표고버섯 3개, 마늘 4쪽, 생강 1/2톨, 대파 1뿌리, 양파1/4개, 홍고추 1개, 육수 2컵, 두반장 3큰술, 설탕 1큰술, 굴소스 1큰술, 녹말물 3큰술, 참기름 1큰술, 식용유 2큰술

만드는 법

① 두부는 1㎝ 크기로 깍둑썰어 끓는 물에 데치고 표고버섯은 기둥을 떼고 네모지게 썬다.

② 마늘, 생강, 대파, 양파, 홍고추도 잘게 다지거나 네모지게 썬다.

③ 팬에 식용유를 두르고 네모지게 썰어놓은 채소를 모두 넣어 볶는다.

④ 채소가 익으면 다진 돼지고기를 넣고 함께 볶는다.

⑤ 돼지고기가 익으면 두반장을 넣어 볶다가 육수를 붓고 끓인다.

⑥ 육수가 끓으면 썰어놓은 두부와 설탕, 굴소스, 녹말물을 넣어 걸쭉하게 만든다.

8. 톰얌쿵

타이어로 톰(tom)은 '끓이다', 얌(yam)은 '새콤한 맛', 쿵(kung)은 '새우'를 뜻한다. 새우에 향신료와 소스를 넣고 끓인 것으로 고추, 레몬그라스, 라임 등의 재료를 사용하여 매운맛, 단맛, 짠맛, 신맛을 모두 느낄 수 있는 음식이다.

재료

새우 15마리, 레드 커리페이스트(Red Curry Paste) 2큰술, 칠리페이스트 2큰술, 레몬그라스 2개, 홍고추 1개, 토마토 3개, 라임즙 2큰술, 황설탕 2작은술, 코리엔더 2줄기, 피쉬소스 3큰술, 고추기름 1큰술, 물 3컵

만드는 법

① 새우는 꼬리만 남기고 머리, 껍질, 내장을 제거하여 준비한다.

② 팬에 고추기름을 두르고 ①의 새우를 색이 변할 때까지 볶는다.

① ②에 커리페이스트, 칠리페이스트, 레몬그라스, 어슷 썬 홍고추를 넣고 볶다가 물 3컵을 붓고 약한 불에서 10분간 끓인다.

④ 토마토는 끓는 물에 살짝 데친 후 잘게 다진다.

⑤ ③을 거른 후 새우를 넣고, ④를 넣고 끓인다.

⑥ 라임즙, 피쉬소스, 황설탕을 넣고 간을 맞춘 후 코리엔더 잎을 뿌려 낸다.

9. 라이스페이퍼 요리

월남쌈

라이스페이퍼 6장, 토마토 1개, 오이 1/2개, 당근 1/2개, 깻잎 6장, 파인애플 1/2조각, 쇠고기(우둔살) 60g

쇠고기 양념

간장 1작은술, 올리고당 약간, 다진 마늘 약간

액젓소스

멸치 액젓 1작은술, 레몬즙 1/2작은술, 다진 마늘 1작은술, 다진 홍고추 1작은술, 올리고당 2작은술

만드는 법

① 토마토는 잘 씻어 초승달 모양으로 얇게 저미듯 썬다.

② 오이, 당근, 깻잎은 5㎝ 길이로 채 썰고, 파인애플은 한 입 크기의 부채꼴 모양으로 썬다.

③ 쇠고기는 굵직하게 채 썰어 쇠고기 양념을 넣고 밑간한 뒤 기름 대신 물을 약간 넣어 팬에 볶는다.

④ 큰 접시 중앙에 볶은 쇠고기를 놓고 주변에 준비한 채소를 담는다.

⑤ 볼에 뜨거운 물을 준비해 라이스페이퍼를 한 장씩 담갔다 꺼내 접시에 펼친다. 그 위에 볶은 쇠고기와 파인애플, 채소를 올리고 돌돌 말아 소스에 찍어 먹는다.

10. 쌀국수요리

볶음쌀국수

재료

쌀국수(볶음용) 1/2봉(80g), 양배추 1/8통, 파프리카 1/2개, 숙주 1/2봉, 대파(10㎝) 1토막, 새우살 1/2컵, 다진 마늘 1큰술, 고춧가루 1작은술, 식용유 4큰술

양념

간장 2큰술, 청주 2큰술, 맛술 2큰술, 물 2큰술씩, 피시소스 2작은술

만드는 법

① 양배추, 파프리카, 대파는 채 썰고 숙주는 물에 씻어 건진다.

② 양념 재료를 고루 섞어둔다.

③ 쌀국수는 끓는 물에 데친다.

④ ①의 채소에 다진 마늘과 고춧가루를 넣고 버무린 다음 달군 팬에 식용유를 두르고 센 불에서 재빨리 볶는다.

⑤ 채소가 반쯤 익어 숨이 살짝 죽으면 새우살과 데친 쌀국수, 양념을 넣고 뒤적이며 볶는다.

11. 커리 요리

닭고기 커리

재료

닭고기(안심) 4조각, 소금 · 후춧가루 약간씩, 양배추 2장, 양파1/4개, 당근 1/6개, 피망 1/4개, 식용유(또는 버터) 적당량, 다진 마늘 1큰술, 물 2컵, 카레가루 3큰술, 소금 · 후춧가루 약간씩

만드는 법

① 닭고기는 먹기 좋은 크기로 썰어 소금, 후춧가루를 뿌려 10분 정도 재운다.
② 양배추, 양파, 당근, 피망은 먹기 좋은 크기로 썬다.
③ 냄비에 식용유를 두르고 다진 마늘을 넣어 향이 나도록 볶는다.
④ 마늘 향이 나면 닭고기를 넣어 볶다가 살짝 익으면 양배추와 양파, 당근을 넣어 볶는다.
⑤ 물 2컵을 붓고 끓이다가 카레가루를 넣고 끓인다.
⑥ 닭고기가 익으면 피망을 넣고 소금, 후춧가루로 간을 한다.

12. 파스타 요리

알리오올리오

이탈리아어로 알리오는 마늘, 올리오는 오일을 의미한다. 오일과 마늘로만 맛을 내는 가장 기본적인 파스타 요리이다.

재료

스파게티 160g, 마늘 10쪽, 페페론치노 4개, 올리브유 4큰술, 파르메산 치즈가루 2큰술, 다진 이탈리안 파슬리 1작은술, 바질 · 소금 · 후춧가루 약간씩

만드는 법

① 끓는 물에 소금을 넣고 스파게티를 삶아 건진 후 삶은 물 1/4컵은 따로 담아둔다.

② 마늘은 0.3㎝두께의 편으로 썰고 페페론치노는 가위로 송송 자른 후 씨를 털어낸다.

③ 달군 팬에 올리브유를 두르고 마늘을 넣어 중간 불에 볶아 향을 낸다.

④ 페페론치노를 넣고 약한 불에서 타지 않게 1분정도 볶은 후 소금, 후춧가루로 간한다.

⑤ 스파게티 삶은 물을 넣고 끓어오르면 삶은 스파게티를 넣고 버무리듯 재빨리 섞어 그릇에 담는다.

⑥ 파르메산 치즈가루와 다진 파슬리를 뿌리고 바질을 올린다.

13. 오믈렛

재료

달걀 3개, 치즈 1장, 버터 30g, 생크림 20g, 소금 2g, 식용유 20㎖

만드는 법

① 치즈는 사방 0.5㎝ 정도로 썰어서 준비해 둔다.

② 볼에 달걀 3개를 깨뜨려 소금을 넣고 저어 준 뒤, 생크림을 넣고 잘 섞어 체에 거른다.

③ 오믈렛 팬에 식용유를 두르고 ②의 달걀을 고르게 반숙이 되도록 나무젓가락으로 잘 저어준다.

④ 반숙이 된 상태의 달걀에 치즈를 넣고 타원형이 되도록 접는다.

⑤ 완성 접시에 담고 위에 버터를 발라준다.

14. 스콘

재료

중력분 1,000g, 베이킹 파우더 50g, 버터 150g, 달걀 3개, 우유 450g, 건포도 370g, 소금 15g, 설탕 150g

만드는 법

① 버터를 중탕으로 녹여 놓는다.
② 달걀을 노른자와 흰자가 섞이도록 거품기로 저어준다.
③ ②에 설탕과 소금을 넣고 완전히 용해되도록 저어준다.
④ ③에 녹인 버터를 넣고 고르게 섞일 수 있도록 충분히 저어준다.
⑤ ④에 우유와 체 친 중력분, 베이킹 파우더, 건포도를 넣고 주걱으로 가볍게 섞어 준다.
⑥ 완성된 반죽을 10분 정도 휴지시킨 다음 2~3회 접고 1.5㎝의 두께로 밀어 지름 6~7㎝의 원형틀로 찍어 철판에 놓는다.
⑦ 윗면에 달걀물을 바르고 위 온도 220℃, 아래 온도 180℃의 오븐에서 10~12분간 굽는다.

15. 당근머핀

재료

중력분 300g, 설탕 180g, 버터 120g, 달걀 3개, 우유 120g, 베이킹 파우더 10g, 소금 3g, 당근 100g

만드는 법

① 버터, 설탕 소금을 섞어준다.

② ①에 달걀을 천천히 넣으면서 기포를 올린다.

③ 체 친 중력분, 베이킹 파우더, 우유를 섞는다.

④ ③에 다진 당근을 섞고 속지를 넣은 머핀 틀에 80% 정도 채운다.

⑤ 170℃ 오븐에서 갈색이 날 때까지 굽는다.

16. 요거트 아이스크림

재료

우유 300㎖, 설탕 50g, 플레인 요거트 2컵, 생크림 1/4컵, 바닐라빈 약간

만드는 법

① 우유에 설탕을 녹인다.
② 설탕이 녹으면 요거트와 생크림을 넣어 섞는다.
③ 바닐라 빈을 2에 넣고 섞는다.
④ 믹서에 갈아서 적당한 통에 넣고 얼린다.
⑤ 2~3시간 후에 긁어서 눌러 주기를 두 번 정도 반복한다.

17. 과카몰(Guacumole)

재료

아보카도 4개, 풋고추 1개, 양파 1/6개, 토마토 1개, 코리엔더 약간, 레몬즙 4큰술, 소금 약간

만드는 법

① 아보카도의 껍질을 벗겨 반으로 갈라 씨를 제거하고 곱게 다진다.

② 풋고추, 양파, 코리엔더는 곱게 다진다.

③ 토마토는 씨를 제거하고 곱게 다진다.

④ 준비한 재료를 혼합해서 소스를 만든다.

⑤ 타코 또는 토틸라칩과 함께 낸다.

18. 해물 토마토 리조또

재료

불린 쌀 1컵, 오징어 1/2마리, 새우(중하) 8마리, 양파 1/2개, 다진 마늘 1/2작은술, 올리브유 2큰술, 화이트와인 2큰술, 페페론치노 2개, 닭육수 2컵, 토마토소스 1컵, 생크림 3큰술, 파르메산치즈가루 1큰술, 말린 바질 1/2작은술, 소금 · 후춧가루 약간씩

만드는 법

① 양파는 굵게 다지고 오징어는 한 입 크기로 썬다.

② 달군 팬에 올리브유를 두르고 다진 마늘과 양파, 페페론치노를 넣어 중간 불에서 양파가 투명해질 때까지 볶는다.

③ 오징어와 새우를 넣고 센 불에서 화이트 와인을 넣어 볶는다.

④ 쌀을 넣고 익을 때까지 계속 볶는다.

⑤ 쌀이 반쯤 익으면 따뜻하게 데운 닭육수를 조금씩 나누어 부으면서 끓인다.

⑥ 쌀이 다 익으면 토마토소스와 생크림을 넣고 끓인다.

⑦ 소금, 후춧가루로 간을 하고 말린 바질과 파르메산치즈가루를 섞어 마무리한다.

19. 달걀마늘 볶음밥

재료

밥 1공기, 달걀 1개, 식용유 약간, 마늘 1쪽, 대파(3cm) 1대

양념

구운소금 1/2작은술, 후춧가루 약간

만드는 법

① 식용유를 두른 팬에 마늘, 대파를 구워 향을 낸다. 취향에 따라 마늘과 대파는 더 넣어도 좋다.

② 달걀을 풀어 휘저으면서 80%만 익힌다.

③ 밥을 넣어 약한 불에서 섞고 구운 소금, 후춧가루를 뿌려 간해 마무리한다.

20. 사찰식 애호박적

재료

애호박 1개, 홍고추 1개, 통밀가루 1/2컵, 소금 1/2작은술, 포도씨유

만드는 법

① 애호박을 깨끗이 씻어 반은 다지고 반은 강판에 간다. 홍고추는 둥글게 모양을 살려 썬다.

② 다진 애호박과 갈아 놓은 애호박에 소금 간을 약간 하여 잘 섞어준 다음, 통밀가루를 넣어 밀가루가 애호박과 잘 섞이게 반죽을 한다.

③ 달궈진 팬에 기름을 두르고 애호박 반죽을 놓고 썰어 놓은 홍고추를 보기 좋게 올려 노릇하게 적을 부친다. 불을 너무 약하게 하면 호박이 익으면서 물러질 수 있다.

21. 파나코타

재료

생크림 250㎖, 우유 250㎖, 설탕 70g, 판젤라틴 4장, 바닐라 에센스 약간, 냉동 블루베리 10개, 청포도 5알, 살구잼 약간, 미니컵(투명용기) 5개

만드는 법

① 젤라틴은 찬물에 담가 놓는다.

② 냄비에 생크림, 우유, 바닐라에센스를 넣고 따뜻하게 데워지면 설탕을 넣어 녹을 때까지 끓인다.

③ 젤라틴의 물기를 꼭 짜서 냄비에 넣는다.

④ 끓인 재료를 조금 식혀서 투명컵에 붓는다.

⑤ 컵에 랩을 씌워 냉장고에 1~2시간 정도 넣어 굳힌다.

⑥ 굳힌 파나코타 위에 살구잼을 넣고 과일을 올려 장식한다.

22. 저염 모둠 피클

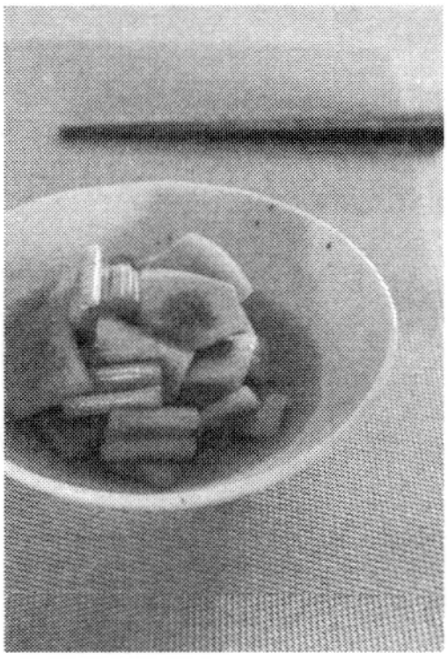

재료

무 400g(1/3개), 양파 150g(1개), 오이 1개, 샐러리 3줄기, 청양고추 2개

피클액

물 3컵, 진간장 1컵, 식초 1컵, 설탕 1컵

만드는 법

① 무는깨끗이씻어1.5×0.5cm, 5cm 길이로 썬다.

② 양파는 껍질을 벗겨 무와 비슷한 크기로 썬다.

③ 오이는 0.3cm 두께로 동그랗게 썰거나 사등분해서 안쪽의 씨부분을 제거한다.

④ 샐러리와 청양고추는 3cm 길이로 썬다.

⑤ 냄비에 물, 진간장, 설탕, 식초를 넣고 끓인다.

⑥ 용기에 준비한 피클용 재료를 넣고 ⑤를 뜨거울 때 부어준다.

⑦ 피클을 식혀 하루정도 실온에 두었다 냉장고에 보관한다.

23. 양송이 두반장조림

재료

양송이버섯 400g, 풋고추 1/2개, 붉은 고추 1/2개, 대파(4㎝) 1토막, 다진 마늘 1작은술, 두반장 2큰술, 설탕 2작은술, 올리고당 2큰술, 식용유 1/2큰술, 통깨 1/2큰술, 참기름 1큰술

만드는 법

① 양송이버섯은 큰 것은 4등분, 작은 것은 2등분한다.
② 풋고추와 붉은 고추는 길이로 4등분한 다음 송송 썰고 대파도 송송 썬다.
③ 팬에 식용유를 두른 다음 썰어놓은 고추를 반 덜어 넣고 대파와 다진 마늘을 넣어 볶다가 양송이버섯을 넣고 볶는다.
④ ③에 두반장, 설탕을 넣는다.
⑤ 불을 약하게 줄여 국물이 없어질 정도로 자작하게 조린다.
⑥ 올리고당을 넣어 섞은 다음 나머지 고추를 넣는다.
⑦ 불을 끄고 통깨, 참기름을 넣어서 완성한다.

참고문헌

1	세계음식문화	김의근 외 4인	백산출판사	2013
2	세계요리문화산책	김희섭 외	대가	2005
3	세계식문화	유한나 외	백산출판사	2009
4	세계의 식문화와 식공간	황규선 외	교문사	2014
5	맛, 격, 과학이 아우러진 한국 음식문화	윤서석 외 6인	교문사	2015
6	천년한식견문록	정혜경	파프리카	2009
7	한식 양념장	김양숙 외 8인	파워북	2014
8	건강과 식생활	우홍정	지식과 감성	2014
9	현대인의 식생활과 건강	한정순 외 3인	지구문화	2014
10	다이어트와 건강	손숙미 외 3인	교문사	2011
11	우리가 즐겨먹는 음식의 유래와 영양이야기	박상욱	형설출판사	2014
12	쉽게 풀어 쓴 조리원리	남상명 외	지식인	2015
13	패턴으로 익히는 조리영어	이수부외2인	교문사	2014
14	과학으로 풀어 쓴 식품과 조리원리	이주희 외	교문사	2014
15	기초 식품학	남궁석 외 4인	광문각	2006
16	포인트 식사요법	윤옥현 외 5인	교문사	2014
17	내 몸에 맞는 영양과 건강 이야기	홍재훈	보문각	2013
18	푸드 큐레이터	한국컬리너리투어리즘협회	파워북	2014
19	요리와 약으로 쓰는 향신료 백과	박종철	푸른행복	2014

20	양념사용법	아오키 아츠코지음, 구현숙 옮김	이아소	2013
21	양념공식	한명숙	RHK	2008
22	맛있는 요리에는 과학이 있다.	아라후네요시라 외	홍익출판사	2013
23	선재스님의 이야기로 버무린 사찰음식	선재	불광출판사	2011
24	왕혜문의 참 쉬운 약선 요리	왕혜문	미디어 윌	2013
25	내 몸을 살리는 곡물과 과일 채소	박태균	디자인하우스	2012
26	짜지 않은 반찬	강외순	도도	2013
27	짜지 않은 국 찌개	김은경	도도	2013
28	짜지 않은 밥 국수	이윤혜	도도	2013
29	진짜 기본 요리책	월간 수퍼레시피	레시피 팩토리	2013
30	우정욱의 좋은 사람 행복한 요리	우정욱	비앤씨월드	2014
31	요리가 간편해지는 만능 양념장 레시피	이현주, 장성록	경향 미디어	2014
32	맛있는 소스백과	안충훈 외	예신	2012
33	먹으면 약이 되는 음식 450	주부의 벗사엮음, 조성태 감수	넥서스 BOOKS	2015